Wahre Verbrechen

True Crime - Die 2000er. 13 schockierende Kriminalfälle aus den 2000er Jahren

Alexander Dragone

Ganesh Media

Ganesh Media, New York

Bibliografische Information der Deutschen Nationalbibliothek: Die Deutsche Nationalbibliothek verzeichnet diese Publikation in der Deutschen Nationalbibliografie; detaillierte bibliografische Daten sind im Internet über dnb.dnb.de abrufbar.

Die in diesem Werk geschilderten Fälle sind wahre Kriminalfälle, die sich tatsächlich so zugetragen haben. Sie basieren auf Informationen, die im Rahmen von Gerichtsverfahren und polizeilichen Ermittlungen öffentlich gemacht wurden, sowie auf Berichten verschiedener Medien.

Bei der Recherche und Aufbereitung der Fälle wurde größte Sorgfalt angewandt, um die Richtigkeit der dargestellten Fakten zu gewährleisten. Trotz aller Bemühungen lassen sich vereinzelte Ungenauigkeiten jedoch nicht gänzlich ausschließen. Autor und Verlag übernehmen für etwaige Fehler keine Verantwortung.

Zudem sei darauf hingewiesen, dass zum Zwecke der Veröffentlichung in Buchform stellenweise erzählerische und dramaturgische Anpassungen vorgenommen wurden. Diese dienen allein dem Ziel, die Geschehnisse packend und nachvollziehbar darzustellen, ohne dabei den Wahrheitsgehalt zu verfälschen.

Inhalt

1

Vorwort

Die 2000er Jahre waren ein Jahrzehnt voller Erwartungen und eines rasanten technologischen Fortschritts. Plattformen wie Facebook revolutionierten die Art, wie Menschen sich miteinander verbanden. Smartphones wurden immer verbreiteter und man hatte die ganze Welt in der Hosentasche.

Die 2000er Jahre waren das Jahrzehnt des Reality-TVs. Formate wie „Big Brother“ fesselten die Zuschauer auf ganz neue Weise. Die Kandidaten ließen vor laufender Kamera die Hosen runter. Im übertragenen Sinn und manchmal auch wortwörtlich. Und Shows wie „Deutschland sucht den Superstar“ machten aus ganz normalen Menschen plötzlich Promis. Die 2000er waren auch das Jahrzehnt des Gaming-Booms. Konsolen wie die Xbox 360 und die PlayStation 3 brachten das Gaming in den Mainstream. Während sich viele in digitalen Welten verloren, verbreitete sich eine andere, erschreckende Realität – die Realität brutaler Verbrechen.

Der 11. September 2001 war das erste düstere Zeichen einer tragischen Dekade. Der grausame Terroranschlag auf das World Trade Center warf einen langen Schatten und verbreitete weltweit ein Gefühl von Angst und Verwundbarkeit. Doch die Brutalität dieser Zeit zeigte sich nicht nur in einem Ereignis. Eine Welle grausamer Verbrechen und unheimlicher Mordserien breitete sich weltweit aus und offenbarte die schockierenden Geschichten der Opfer und die erschreckenden Profile der Täter.

Dieses Buch nimmt Sie mit auf eine Reise durch die düstersten Verbrechen der 2000er Jahre. Hier werden nicht nur die Verbrechen selbst beleuchtet, sondern auch die Menschen dahinter – und die erschreckende Erkenntnis, dass die schlimmsten Täter oft mitten unter uns leben. Die kleinen Dramen des Alltags – der Verlust eines Jobs oder ein Streit mit dem Chef – können sich plötzlich als perfekte Kulisse für die grausamsten Verbrechen entpuppen. Jeder kann Opfer werden, und jede scheinbar vertraute Person könnte in Wirklichkeit ein kaltblütiger Mörder sein.

In diesem Buch erwarten Sie 13 schaurige Fälle: Wir beleuchten die Geschichte eines Ex-Soldaten, dessen militärische Ausbildung ihn nicht zum Friedensstifter machte, sondern zu einem der grausamsten Mörder seiner Zeit.

Bei ungelösten Fällen bleibt die Wunde für die Familien offen – wie bei Madeleine McCann, die spurlos in der Nacht verschwand.

Detaillierte Beschreibungen der Tatorte und der Momente vor den Verbrechen bieten uns Hinweise, warum ausgerechnet diese Opfer, an genau diesen Orten und zu diesen Zeitpunkten, ins Visier gerieten. Sie geben uns die Möglichkeit, die Ermittlungen nachzuvollziehen und die Spurensuche mitzuerleben. Oft führen die Hinweise am Tatort direkt zum Täter – doch manchmal reicht das nicht aus, und die Fälle bleiben ungelöst. Bei jedem Fall werden Sie sich fragen, was Sie tatsächlich über die menschliche Natur wissen. Die innere Welt der Täter ist oft ebenso verstörend wie ihre Verbrechen.

2

Der Trucker des Todes

Die Winter in Connecticut sind kalt und dunkel. Die Nächte ziehen sich lang hin, und der Schnee bedeckt alles: die Blüten der Gärten und die Spuren eines Verbrechens gleichermaßen. Doch in jener Nacht des 25. Juli 2003 war es besonders kalt und finster. Während die Menschen von der Arbeit nach Hause eilten, wagten sich nur jene, die etwas ganz Bestimmtes suchten, auf die leeren Straßen. Unter ihnen war eine junge Frau – und ein Mann, der bald ihr Mörder sein würde.

Die Frau war Nilsa Arizmendi, 33 Jahre alt. Nilsa war heroinabhängig und arbeitete als Prostituierte. Die Straßen und die Dunkelheit waren ihre Vertrauten, und sie hatte keine Angst davor, alleine draußen zu sein. Wie so oft ging sie auch in dieser Nacht hinaus, ohne jemandem zu sagen, wohin sie wollte oder wann sie zurückkäme. Sie lebte allein in einem Motel in Waterbury, Connecticut, und hatte nur wenig Kontakt zu ihrer Familie.

Wahrscheinlich lief Nilsa die Straße entlang oder wollte zu ihrem Freund, als ein Van plötzlich vor ihr anhielt. Es war ein blauer Ford Econoline, Baujahr 1985, und Nilsa erkannte ihn sofort: die gesplitterten Scheiben waren unverkennbar. Devin's Van hatte ein Schild mit der Aufschrift „Quality Lawn Service“ und einer Telefonnummer an der Seite. Als Nilsa einstieg, fragte sie ihn, ob er sie nach Hartford fahren könnte, wo sie Drogen kaufen wollte. Devin lehnte ab. Sie bot ihm dann an, ihm für 30 Dollar einen Gefallen zu tun, worauf er den Preis auf 20 Dollar herunterhandelte. Als sie jedoch ablehnte, die Handlung zu Ende zu führen, wurde Devin wütend und versuchte, sie sexuell zu missbrauchen. Er drohte ihr: „Tu, was ich sage, oder ich schlage dich mit diesem Schraubenschlüssel.“ Nilsa war entsetzt. In ihrem Vertrauen hatte sie Devin als einen Bekannten betrachtet, doch in diesem Moment verwandelte er sich in ein Monster.

Als Nilsa sich weiter wehrte und schrie, hob Devin den Schraubenschlüssel und schlug sie an der Seite des Kopfes, direkt über dem Ohr. Der Schlag knockte sie nicht aus, doch sie hörte auf zu kämpfen und verstummte. Devin fesselte sie dann an eine Bank im hinteren Teil des Vans. Er fuhr zu einem abgelegenen Bereich hinter einem Supermarkt und verging sich dort zum ersten Mal an ihr. Danach zog er die Seile und Kabelbinder fest und sicherte sie erneut an der Bank. Später fuhr er zu einer abgelegenen Stelle entlang der Farmington Avenue, wo er Nilsa wiederholt in einem versteckten Bereich missbrauchte.

Als der Morgen dämmerte und Devin müde wurde, legte er sich neben Nilsa, um ein Nickerchen zu machen. Er erklärte später, dass er zwar schlief, jedoch in einem leichten Zustand blieb, um aufzuwachen, falls sie versuchen sollte, zu fliehen. Schließlich, als er aufwachte, fuhr er zu einem Motelparkplatz und zwang Nilsa erneut, ihm zu Diensten zu sein. Wieder verging er sich mehrfach an ihr. Nachdem er schließlich zufrieden war, erdrosselte er sie im Van auf dem Motel-Parkplatz. Er wickelte Nilsas Leiche in eine fötale Position, umhüllte sie mit drei Plastikbeuteln und deckte sie mit einer Plane ab, die er im hinteren Teil des Vans verstaute. Er ging dann zur Arbeit und mähte den Rasen mehrerer Kunden – während die Leiche im Van lag.

In den frühen Abendstunden fuhr Devin zu einem Parkplatz eines Einkaufszentrums und ging hinter die Gebäude, wo ein Waldstück begann. Dort warf er den zusammengewickelten Leichensack über einen Abhang, wo er in einer Schlucht landete, umgeben von Abfällen, Heckenabschnitten und alten Fässern – sicher verborgen. Danach setzte Devin seinen Abend fort, als wäre nichts geschehen.

William Devin Howell stammte ursprünglich aus Hampton. Warum er die Stadt verließ, ist unklar, doch vermutlich war er auf der Flucht vor dem Gesetz. Bereits in der Vergangenheit hatte er Straftaten begangen und war wegen Drogenhandels mehrfach im Gefängnis gewesen. Er zog nach Connecticut, um dort, wo ihn niemand kannte, ein neues Leben zu beginnen. In den ruhigen Vororten von Wethersfield, West Hartford und

New Britain verdiente er sein Geld mit Gartenarbeiten und Rasenmähen – doch diese Orte wurden bald sein Jagdgebiet. Nilsa war nicht Howell erstes Opfer, doch das erfuhr die Polizei erst später. Howell verstand es meisterhaft, die Spuren seiner Verbrechen zu verwischen und seine Opfer verschwinden zu lassen.

Obwohl Howell sich wie ein „normaler" Nachbar gab, unterschieden sich seine Taten in ihrer kaltblütigen Planung kaum von denen anderer Serienkiller. Er wählte seine Opfer gezielt aus – meist Frauen, die durch Armut, Abhängigkeit oder Einsamkeit besonders verwundbar waren. Seine bevorzugte Methode bestand darin, als hilfsbereiter Mann aufzutreten, der eine Mitfahrgelegenheit oder Unterstützung anbot. Auf diese Weise erschlich er sich das Vertrauen seiner Opfer, bevor er seine mörderischen Pläne umsetzte.

Howell nutzte seine Fähigkeit zur Manipulation und sein charmantes Auftreten, um bei seinen Opfern ein Gefühl von Sicherheit zu erzeugen. Sein Verhalten entsprach dem eines Raubtiers: Er erspähte und isolierte seine Beute. Dann verwandelte er den ersten Moment des Vertrauens in eine Falle und nutzte die Schwäche und Hilflosigkeit seiner Opfer gnadenlos aus. Seine Opferstrategie war ebenso durchdacht wie grausam. Howell wählte vor allem Personen, deren Verschwinden kaum Aufmerksamkeit erregte: Menschen am Rande der Gesellschaft, oft drogenabhängig, obdachlos oder mit wenig sozialem Rückhalt. Diese Opfergruppe machte es ihm leicht, unauffällig zu bleiben und seine Verbrechen lange Zeit im Dunkeln zu halten.

Nilsa Arizmendi passte perfekt in Howells Opferprofil: Sie war heroinabhängig, lebte allein und hatte einen Freund, der ebenfalls in Drogengeschäfte verwickelt war. Niemand erwartete, dass sie regelmäßig Kontakt hielt. Doch diesmal hatte Howell sich geirrt: Nilsa hatte eine Schwester, die sich Sorgen machte, als sie über eine Woche lang nichts von ihr hörte und schließlich die Polizei alarmierte. Zunächst verdächtigte die Polizei Nilsas Freund. Doch Howell machte einen zweiten Fehler: Er hatte nicht bemerkt, dass Nilsas Freund Sanchez in der Nähe war und beobachtete, wie Nilsa in den Van einstieg. Sanchez erkannte das Fahrzeug mit der Aufschrift „Quality Lawn Service. Call Devin" sofort, da er Howell aus Drogengeschäften kannte. So war es ein Leichtes für die Polizei, Howell und seinen Van ausfindig zu machen.

Howell versuchte zunächst, alles zu leugnen, doch ein Tattoo mit dem Namen „Devin" auf seinem Arm verriet ihn. Als die Polizei den Van durchsuchte, machten sie eine erschreckende Entdeckung: Die Rückbank war mit Blut durchtränkt. Howell konnte nicht erklären, warum die Sitze durch Sofakissen ersetzt worden waren und das Blut in den Schaumstoff der Sitzpolster eingesickert war. Schnell wurde klar, dass der Van nicht nur ein Fortbewegungsmittel, sondern ein mobiler Tatort war.

Howell nutzte den Van, um seine Opfer in eine tödliche Falle zu locken. Der beengte Raum ermöglichte es ihm, die Kontrolle zu behalten und den Opfern jede Fluchtmöglichkeit abzuschneiden. Auch seine Methode, die Leichen zu entsorgen, war erschreckend konsistent: Er vergrub die Körper in abgelegenen Wäldern, was seine Taten lange verborgen hielt.

Die Ermittlungen gestalteten sich zunächst äußerst schwierig. Viele der Leichen wurden erst in einem fortgeschrittenen Stadium der Verwesung gefunden, was eine forensische Analyse fast unmöglich machte.

Zudem erschwerte Howells Leben als umherreisender Lastwagenfahrer die Verknüpfung verschiedener Tatorte. Es bedurfte modernster Technologie, um Howells Verbrechen schließlich aufzudecken. Unter anderem nutzte die Polizei Geoinformationssysteme, um seine Bewegungsmuster zu analysieren und die Orte einzugrenzen, an denen die Opfer gefunden wurden. Seine Handy-Daten zeigten, dass er zum Zeitpunkt von Nilsas Verschwindens in der Nähe war. Schließlich führte die Kombination aus physischen Beweisen und den Aussagen von Sanchez zu Howells Verhaftung im Mai 2005.

Trotz der Beweise leugnete Howell seine Verbrechen zunächst hartnäckig. Es war sein Zellengenosse Jonathan Mills, dem er schließlich von seinem „Garten" erzählte – der Ort, an dem er seine Opfer begrub. Zunächst hielt Mills dies für einen harmlosen Begriff aus Howells Berufsleben, bis er begriff, was "Garten" wirklich bedeutete; dass Howell die Leichen seiner Opfer meinte. Dank Mills' Aussagen und den daraus folgenden Ermittlungen wurde klar, dass Howell für weitere Morde verantwortlich war. Unter den Opfern, die Howell besonders grausam ermordete, waren Diane Cusack und Mary Jane Menard. Diane Cusack, 53 Jahre alt, verschwand spurlos im Oktober 2003. Auch Joyvaline Martinez, die erst 23 Jahre alt war, geriet kurz darauf in Howells tödliche Fänge, ebenso wie Mary Jane Menard nur wenige Wochen später. Besonders brutal ermordete Howell die 29-jährige Melanie Ruth Camalini und die 26-jährige Marilyn Gonzales, eine zweifache Mutter. Howell prahlte Mills gegenüber förmlich damit, wie er Marilyn mit einem Hammer das Gesicht zertrümmerte, weil "sie sich weigerte, zu sterben". Danach fuhr er zwei Wochen lang mit der Leiche von ihr in seinem Van herum, weil er zu kalt war, sie in seinem "Garten" zu verscharren. Die Medien verliehen Howell daraufhin den Namen "Der kranke Schlächter"

Howell gestand schließlich weitere Taten, darunter die Ermordung von Danny Whistnant, einem Mann, den er zuerst für eine Frau gehalten hatte. Als Howell im Van bemerkte, dass Danny in Wirklichkeit ein Mann war, tötete er ihn sofort. Im Gegensatz zu seinen anderen Opfern, die er beseitigte, um Beweise zu vernichten, brachte er Danny aus purem Zorn um. Howell hatte das Gefühl, Danny habe ihn durch seine Verkleidung vorsätzlich getäuscht und betrogen.

Ohne Mills' Aussagen hätte die Polizei die sechs weiteren Morde womöglich nie entdeckt. Howell war äußerst bedacht darauf, seine Spuren zu verwischen und etwa Finger oder Zähne zu entfernen, um die Identifizierung zu erschweren. Reue zeigte Howell keine; im Gegenteil, er schien stolz auf seine Taten. Er bezeichnete sich selbst als „Raubtier" und sagte seinem Zellengenossen, dass er „durch das Land ziehen und weiter töten" wollte, wäre er nicht gefasst worden. Vor Gericht sagte er: „In mir steckt ein Monster, und ich lasse es einfach heraus."

3

Die Tote im Schrank

Der Naval Criminal Investigative Service (NCIS) in Arlington, Virginia, fand sich in den 2000er Jahren in ein Verbrechen verwickelt, das schien, als käme es direkt aus einem Krimi. An jenem Morgen des 13. Juli 2009 wurden zwei NCIS-Beamte mit der Aufgabe betraut, das Verschwinden einer ihrer Kolleginnen zu untersuchen: Amanda Snell, Petty Officer 2nd Class der Navy.

Amanda war immer zuverlässig und pünktlich, fast überpünktlich. Umso überraschter waren ihre Kollegen, als sie an diesem Morgen nicht zum Dienst erschien. Der Chef befahl zwei Beamten, nach ihr zu suchen. Sie gingen zuerst zu ihrem Zimmer in den Keith Hall-Kasernen, wo Amanda die Unterkunft mit anderen Marines, Air Force-Soldaten und einigen Matrosen teilte.

Es war 7:45 Uhr, als sie Amandas Zimmer erreichten. Sofort bemerkten sie, dass die Tür unverschlossen war, das Bett gemacht war und alles extrem ordentlich wirkte. Es schien, als sei dort schon seit langer Zeit niemand mehr gewesen. Den Beamten war bewusst, dass Amanda auf der Plattform "MySpace" über ihre Einsamkeit geschrieben und den Wunsch geäußert hatte, die Streitkräfte zu verlassen. Daher dachten sie, sie könnte eine drastische Entscheidung getroffen haben. Einer der Beamten sah in den Spind, um zu überprüfen, ob ihre Kleidung noch da war. Doch er fand nicht nur ihre Kleidung: Amanda lag tot in ihrem Spind. Sie war in einem seltsamen Winkel in dem Schrank positioniert, mit den Knien gegen ihren Oberkörper gedrückt und den Füßen an eine Schublade gelehnt. Ein Kopfkissenbezug bedeckte ihren Kopf. Der Raum war gespenstisch sauber, ohne Anzeichen eines Kampfes oder einer unmittelbaren Todesursache. Erste medizinische Untersuchungen gaben „ungeklärt“ als Todesursache an, aber eine weitere Untersuchung durch einen zweiten medizinischen Gutachter ergab, dass Snell an Erstickung gestorben war. Eine Methode, die oft keine sichtbaren Verletzungen hinterlässt.

Amanda war eine schöne 20-jährige Frau mit strahlend blauen Augen und einem gewinnenden Lächeln. Jeder liebte sie, und sie trug stolz ihre weiß-blaue Navy-Uniform. Sie hatte immer davon geträumt, beim Militär zu sein. Geboren in Twenty-nine Palms, Kalifornien, wuchs sie umgeben von Marines auf, und auch ihre Mutter gehörte den Streitkräften an. Daher war ihre Entscheidung, zur Navy zu gehen, für ihre Familie keine Überraschung.

Nach ihrem Highschool-Abschluss trat sie direkt dem Trainingszentrum in Great Lakes, Illinois, bei und machte anschließend ihre Ausbildung beim Navy and Marine Corps Intelligence Training Center in Virginia Beach. Aufgrund ihrer hervorragenden Leistungen wurde sie dem Büro des Chief of Naval Operations im Pentagon zugeteilt und zog nach Virginia. Trotz ihrer erfolgreichen Karriere war Amanda nicht glücklich und fragte sich immer wieder, ob sie die richtige Entscheidung getroffen habe. Sie ahnte nicht, dass ihr eigenes Leben in Gefahr war.

Wenige Meter den Flur hinunter von Amandas Zimmer entfernt, hatte jemand sie beobachtet und auf den perfekten Moment gewartet, sie zu töten. Sein Name war Jorge Avila Torrez. Er war in seinem Zimmer, als die NCIS-Beamten Amandas Leiche fanden. Die Ermittlungen begannen sofort, und das Team machte Fotos vom Raum und sammelte forensische Beweise vom Bett und von der Kleidung des Opfers. Jeder in der Kaserne wurde verhört, einschließlich Torrez. Dennoch konnte das NCIS-Team nichts finden, das Amandas Tod mit Torrez in Verbindung brachte. Er kooperierte und stellte ohne zu zögern, DNA-Proben zur Verfügung.

Die Lösung von Amandas Fall verzögerte sich. Zum einen konnte die erste medizinische Untersuchung die genaue Todesursache nicht feststellen. Außerdem hatte Torrez keine bekannte Verbindung zu Snell, was es anfangs schwierig machte, den Verdacht auf ihn zu lenken. Erst 2010, als Torrez wegen anderer Verbrechen im Arlington County, Virginia, verhaftet wurde, geriet er schließlich ins Visier der Ermittler wegen des Mordes an Amanda Snell.

Am 10. Februar 2010 schlug Torrez erneut zu: Kate Mills war Krankenschwester, und an diesem Abend kam sie früher von der Arbeit nach Hause. Sie wollte ihren Freund in Arlington besuchen, und da sie kein Taxi bekam, beschloss sie zu Fuß zu gehen. Ein Mann lauerte im Dunkeln und begann, ihr zu folgen. Es war Torrez. Er näherte sich ihr von hinten, bedrohte sie mit einem Messer und versuchte, sie in sein Auto zu zwingen. Er flüsterte in ihr Ohr: „Schatz, geh einfach weiter."

Torrez brachte Kate zu seinem Auto, einem silbernen Dodge Durango. Er versuchte, sie hineinzuzwingen, aber Kate ergab sich nicht. Stattdessen kämpfte sie und entkam, rannte zu dem Haus ihres Freundes, das gleich auf der anderen Straßenseite lag. Torrez beeilte sich, den Tartort zu verlassen, aber es war zu spät. Kate hatte sich sein Aussehen und das Fahrzeug gut eingeprägt. Ihre Zeugenaussage würde später entscheidend sein, um Torrez zu fassen.

Jorge Avila Torrez stammte aus Zion, Illinois. Er war 25, als er Amanda tötete. Ähnlich wie das Opfer trat er den Streitkräften direkt nach seinem Schulabschluss bei und wurde 2009 nach Arlington versetzt, nicht lange bevor er sie tötete. Er hatte keine Vorstrafen, abgesehen von einem Vorfall mit Marihuana während seiner Schulzeit. Es ist unklar, was ihn dazu trieb, ein Serienmörder zu werden, aber es wird vermutet, dass der Militärdienst sich negativ auf seine Psyche auswirkte. Die strukturierte Umgebung des Militärs bot ihm anfangs vielleicht ein Gefühl von Ordnung, das ihm in seinem persönlichen Leben fehlte. Die Disziplin und die Routinen des Militärs könnten die Entwicklung ernsterer Probleme zunächst hinausgezögert haben. Der Druck und die Anforderungen des Militärdienstes, kombiniert mit ungelösten Kindheitstraumata, könnten seine latente Gewaltbereitschaft verschärft haben. Das Militär, obwohl es vorübergehende Struktur bot, konnte seine tief verwurzelten Probleme nicht lösen. Während seiner Ausbildungszeit und den Jahren im Dienst gelang es Torrez, seine verstörenden Persönlichkeitsmerkmale zu verbergen. Seine Personalakte bei der Navy war sauber.

Torrez hatte es zwar nicht geschafft, Kate Mills zu töten, aber es gab andere Verbrechen, die er vor Amanda begangen hatte. Im Mai 2005 entführte er zwei kleine Mädchen, Laura Hobbs (8) und Krystal Tobias (9), die mit ihren Fahrrädern unterwegs waren. Lauras Vater fand die Leichen der beiden Mädchen am nächsten Tag. Torrez hatte sie ins Gesicht und in den Hals gestochen, aber zuvor hatte er sie sexuell missbraucht. Bei dieser Gelegenheit benutzte er ein Kondom. Später sagte er dazu: "Natürlich habe ich ein Kondom verwendet. Ich bin doch kein Idiot“. Dieses Maß an kalkulierter Voraussicht zeigte sein Bewusstsein für forensische Beweise und seine Gerissenheit. Außerdem zeigte seine Vorgehensweise in diesen Fällen auffällige Ähnlichkeiten: Die Übergriffe fanden in den frühen Morgenstunden statt, zielten auf junge Frauen oder Mädchen ab, die er nicht kannte, und hatten sexuelle Motive.

Ein genauer Blick auf die Profile der anderen Opfer und die Details der jeweiligen Verbrechen enthüllte Torrez' brutale Natur und seine konsistente Methodik. Die gemeinsamen Elemente an den verschiedenen Tatorten halfen den Strafverfolgungsbehörden, seine Vorgehensweise klarer zu definieren. Zum Beispiel beinhalteten sowohl der Mord an Snell als auch der Vorfall vom 27. Februar das Fesseln der Opfer mit Schnüren, die in ihren Wohnräumen gefunden wurden, und die Anwendung von Strangulationsmethoden. Bemerkenswert war, dass die Ähnlichkeiten zwischen Torrez' Tatorten entscheidend waren, um sein kriminelles Profil zusammenzusetzen. Beweise vom Tatort von Snell, wie das akribisch saubere Zimmer und ihr gefesselter Körper, spiegelten die inszenierte und kontrollierte Natur wider, die auch bei seinen späteren Verbrechen zu sehen war. Die Verwendung persönlicher Gegenstände aus den Umgebungen der Opfer, wie elektronische Kabel, zeigte eine Präferenz für leicht verfügbare Werkzeuge, um Dominanz auszuüben.

Die Unterschiede boten jedoch auch wichtige Einblicke in seine Anpassungsfähigkeit und Gerissenheit. Zum Beispiel stand das Vorhandensein von Sperma auf Snells Bettlaken im Gegensatz zum Fehlen physischer Beweise in späteren Verbrechen, bei denen er Kondome benutzte, was seine zunehmenden Bemühungen zeigte, einer Entdeckung zu entgehen. Ebenso war Snells Tod zunächst zweideutig – der erste Gutachter konnte nicht eindeutig feststellen, dass es sich um ein Verbrechen handelte – doch die spätere Anerkennung von Erstickung stimmte mit der expliziten Gewalt überein, die in anderen Angriffen gezeigt wurde.

Die Techniken, die er während seiner Morde einsetzte, waren brutal und methodisch. Jede Gewalttat zeigte eine berechnende Absicht, maximales Leid zuzufügen, während das Opfer vollständig unterworfen wurde. Torrez verwendete je nach Situation und dem Grad der Kontrolle, den er über sein Opfer hatte, verschiedene Methoden. Strangulation war eine seiner bevorzugten Techniken, da sie ihm erlaubte, Dominanz auszuüben und das Leiden seiner Opfer zu verlängern. In einigen Fällen verwendete er scharfe Waffen, um präzise und tödliche Schläge auszuführen, die seine Opfer schnell außer Gefecht setzten. Die physischen Beweise dieser Verbrechen zeichnen das Bild eines Mannes, der perverses Vergnügen an Schmerz und Kontrolle fand.

Sein Verhalten nach den Verbrechen offenbarte Torrez' unheimliche Fähigkeit, seine Spuren zu verwischen und der Festnahme zu entgehen. Nach seinen abscheulichen Taten beseitigte er akribisch Spuren und Beweise. Dazu gehörte das Reinigen von Tatorten und das Entsorgen der Leichen auf eine Weise, die eine Entdeckung verzögern sollte. Nach seinen Verbrechen ging er oft normalen Aktivitäten nach und fügte sich nahtlos wieder in seinen Alltag ein, ohne Verdacht zu erregen. Dieses kalkulierte Verhalten nach den Verbrechen zeigte sein Verständnis für forensische

Techniken und seine Bemühungen, den Ermittlern immer einen Schritt voraus zu sein.

Torrez' Gewalt wurde mit der Zeit jedoch weniger organisiert, was zu „unvollständigen“ Angriffen führte. Nach dem fehlgeschlagenen Angriff auf Kate Mills am 7. Februar 2010 ging Torrez auf die Straßen, um nach neuen Opfern zu suchen. Er griff zwei Studentinnen an. Eine von ihnen konnte entkommen, während die andere gezwungen wurde, in Torrez' Auto einzusteigen. Er fuhr zu einem abgelegenen Ort, missbrauchte sie mehrfach und würgte sie schließlich mit ihrem eigenen Schal. Er musste geglaubt haben, sie sei tot, denn er ließ den Körper im Schnee liegen, das Gesicht nach unten. Doch sie war nur bewusstlos. Kurz nachdem er gegangen war, wurde die Frau von einem Mann gefunden, der mit dem Auto vorbeifuhr. Sie wurde ins Krankenhaus gebracht, und zusammen mit der Aussage ihrer Freundin führten die Ermittlungen die Polizei zu dem silbernen Durango. Alles stimmte mit Kates Aussage überein, und es gab keinen Zweifel, dass der Angreifer Torrez war.

Der NCIS war mit der Untersuchung beauftragt, und Torrez wurde schließlich im März 2010 festgenommen und von einer Bundesjury zum Tode verurteilt. Seine Verteidigung argumentierte, die DNA-Beweise seien schwach und minderwertig, was teilweise zutraf, da er Kondome benutzte, wenn er seine Opfer missbrauchte. Während des Prozesses blieb Torrez völlig ungerührt, während er sich die Aussagen seiner Opfer, Kate Mills und der beiden Studentinnen, anhörte. Er trug einen dunklen Sportmantel und eine Krawatte und hatte immer noch den typischen raspelkurzen Haarschnitt eines Marines. Jemand im Publikum, vermutlich einer seiner alten Kollegen, rief: „Du bist wirklich kein Marine. Du hast uns entehrt. Erkennst du das wenigstes an?" Doch Torrez antwortete nicht.

4

Bells brutale Morde

In den frühen Morgenstunden des 12. November 2003 machte ein Industriearbeiter in La Habra, Kalifornien, eine grausige Entdeckung. Am Rande der Industrieanlage von "Morgan Metals", in der er seit Jahrzehnten arbeitete, war ein unbekanntes Auto geparkt. Im Inneren entdeckte der Arbeiter die Leiche einer Frau. Später identifizierten die Ermittler das Opfer als Ineka Edmondson, eine 22-jährige Frau aus Compton, einer Stadt, die südlich von Los Angeles liegt. Ihr war in den Kopf geschossen worden. Das Auto gehörte ihr, aber niemand konnte sich erklären, wie sie dorthin gelangt war. Es gab zunächst auch keine Hinweise darauf, wer auf sie geschossen haben könnte.

Später wurde klar: Der Mörder war ihr eigener Freund. Aber das war nur der Anfang einer grausamen Reihe von Verbrechen, die auf das Konto von Cimarron Bell gingen.

Ineka und Cimarron waren nicht nur ein Liebespaar; sie waren auch Komplizen, aber zunächst nur bei Scheckbetrugs-Delikten. Später waren sie auch in einen Raub verwickelt. Cimarron gab der jungen Frau etwas Geld von der Beute und Ineka kaufte sich von dem Geld einen sündhaft teuren Ring und erzählte allen, dass sie ein Paar seien. Für Cimarron, der verheiratet war, wurde die Sache zu heiß und seine Komplizin zu einer Bedrohung. Aber seine größte Sorge war nicht, dass seine Frau von seiner Affäre erfahren könnte. Stattdessen war er sich sicher, dass Ineka ihn bestahl. Das war ihr Todesurteil. Er rief Ineka an und lud sie – wie üblich - zu einem Date ein, aber es wartete kein romantischer Abend auf sie. Sondern der Tod.

Cimarron lockte Ineka nach La Habra, wo er als Hausmeister arbeitete, nachdem alle Angestellten bereits gegangen waren. Der Ort war menschenleer, aber die Frau schöpfte keinen Verdacht, da sie ihn normalerweise nach der Arbeit traf. Er wartete auf sie, als sie in ihr Auto stieg. Er küsste sie und schoss ihr dann dreimal in den Kopf. Die Leiche ließ er einfach im Auto liegen. Dort fand sie der Arbeiter.

Cimarrons kriminelle Aktivitäten waren umfangreich und vielfältig, aber einer der erschreckendsten Vorfälle ereignete sich am 27. Januar 2004. An diesem Tag machten sich Mario Larios, Edgar Valles und Fernando Pina auf den Weg, um ein Auto zu kaufen. Die drei kehrten nie nach Hause zurück. Sie nahmen Kontakt zu einem Mann auf, der angeblich einen Chevrolet Monte Carlo zu einem sensationell günstigen Preis hatte. Bei dem Mann handelte es sich um niemand anderen als Cimarron, und das attraktive Geschäft war ein Köder.

Die Leichen der Männer wurden drei Tage später in Larios' Mercedes hinter einem Einkaufszentrum in La Mirada gefunden. Die drei Männer waren erschossen worden. Larios und Valles wurden in Plastik eingewickelt und auf den Rücksitz des Mercedes gelegt. Die dritte Leiche, Pina, war nicht eingewickelt und wurde in den Kofferraum gelegt. Zunächst glaubte die Polizei, dass es sich um einen Raubüberfall handelte, aber im Handschuhfach des Mercedes wurden 1.600 Dollar gefunden. Die gemeinsame Verbindung zwischen diesen

Opfern und Ineka Edmondson war: Cimarron Bell.

Cimarron beging seine Verbrechen nicht allein. Sein Partner hieß Briaell Michael Lee. Er war ein 28-jähriger Mann aus Los Angeles, der Cimarron zufällig kennenlernte. Irgendwie wurden sie Partner und planten gemeinsam die Morde vom 27. Januar. Sie schmiedeten den mörderischen Plan, potenzielle lateinamerikanische Käufer unter dem Vorwand, einen modifizierten Chevrolet Monte Carlo spottbillig zu verkaufen, in Cimarron's Haus in South Whittier einzuladen. Dort wurden die Männer in einen Hinterhalt gelockt, erschossen und ausgeraubt. Das mörderische Duo entsorgte die Leichen dann auf der Rückbank des Mercedes-Benz. Offenbar hatten die Täter vergessen, ins Handschuhfach des Wagens zu schauen.

Nachdem die beiden Kriminellen gefasst und vor Gericht gestellt worden waren, behauptete Lees Verteidigung, dass es sich um einen Betrug handeln sollte. Lee hatte mit Cimarron lediglich vereinbart, ein manipuliertes Auto zu verkaufen. Er gab zwar zu, an dem Plan mitgewirkt zu haben, die drei Opfer zum

Kauf eines Autos zu einem verdächtig niedrigen Preis zu überreden. Aber Lee stritt ab, in einen Plan verwickelt gewesen zu sein, die Männer zu töten. Cimarron sagte vor Gericht aus, dass es sich nicht um ein vorsätzliches Verbrechen gehandelt habe, sondern um einen Betrug, der dann aus dem Ruder gelaufen sei. Er sagte, die drei Männer hätten den Betrug durchschaut und versucht, sie zu töten. Cimarron und Lee hätten dann in Notwehr gehandelt. Am Tatort gab es jedoch keine Anzeichen für einen Kampf, und die Opfer waren überhaupt nicht bewaffnet.

Die Ermittlungen erforderten akribische Polizeiarbeit, um die Beweise zusammenzutragen, die Cimarron mit den Morden in Verbindung brachten. Zu den wichtigsten Beweisen gehörten forensische Details wie übereinstimmende ballistische Berichte von den Tatorten und Augenzeugenberichte. Die Polizei fand zudem große Plastikplanen in Cimarrons Garage.

Ein entscheidender Aspekt der Ermittlungen war die Zusammenarbeit zwischen verschiedenen Strafverfolgungsbehörden. Die Polizei von La Habra, die an Edmondsons Fall arbeitete, erhielt einen wichtigen

Hinweis von den Detectives, die den dreifachen Mord untersuchten. Es war Officer Jason Forgash, der Cimarron auf die Schliche kam. Forgash fand heraus, dass Cimarron als Hausmeister bei "Morgan Metals" im Industriegebiet arbeitete, in dem Edmondsons Leiche gefunden wurde. Es gab keine andere mögliche Verbindung zwischen Ineka und diesem Ort. Die Arbeiter sagten der Polizei, dass sie Cimarron mehrmals mit der Frau gesehen hatten.

Forensische Beweise spielten eine entscheidende Rolle bei der Überführung von Cimarron Bell. Gegenstände wie Plastikplanen und Klebeband, die in seinem Haus gefunden wurden, deuteten auf Vorsatz und minutiöse Planung hin. Die Ermittler stützten sich auch auf technologische Hilfsmittel wie die Analyse von Telefonaufzeichnungen und GPS-Daten, um Cimarons Bewegungen zu verfolgen und Zeitpläne zu erstellen, die mit den Morden übereinstimmten. Diese Methoden ermöglichten es ihnen, ein umfassendes Bild davon zu erstellen, wie die Verbrechen begangen wurden, und führten schließlich zu seiner Festnahme.

Ein wichtiges Beweisstück in dem Fall war ein Fund in Cimarrons Haus: die Kreditkarte, mit der er den Chevrolet Monte Carlo gekauft hatte. Die Karte allein reichte aber nicht aus, um zu beweisen, dass er der Mörder und Lee sein Komplize war. Cimarron war äußerst gerissen und hatte die Opfer über eine Anzeige in der Zeitung kontaktiert. Seine Anwälte behaupteten, dass kein Mörder seine Opfer über eine Zeitungsanzeige kontaktieren würde. Diese Anzeige beweise, so Cimarrons Verteidigung, dass der ursprüngliche Plan ausschließlich darin bestanden habe, das Auto zu verkaufen. Er sei des Betrugs schuldig, aber nicht des dreifachen Mordes.

Die entscheidende Wende kam, als eine weitere Freundin Cimarrons, Neysa Wyatt, entscheidende Informationen lieferte. Sie gab zu Protokoll, dass Cimarron ihr gegenüber die Morde gestanden habe. Neysa Wyatt wusste von den Verbrechen, hatte aber bei der ersten Vernehmung durch die Polizei nichts gesagt. Sie begann erst zu reden, als Cimarron wegen Kreditkartenbetrugs festgenommen wurde. Offensichtlich hatte sie Angst. Sie war jedoch auch verärgert, weil sie aus seinem Mund von seiner anderen Freundin erfahren hatte, die er getötet hatte. Neysa wollte sich durch ihre Aussage an ihm rächen. Das brachte sie dazu, der Polizei alles zu erzählen, was sie wusste. Cimarrons Anwalt versuchte, die Jury davon zu überzeugen, die Zeugenaussage zu verwerfen, weil sie emotional motiviert gewesen sei. Darüber hinaus brachte die Verteidigung Argumente vor, die sich auf Verfahrensfehler konzentrierten und auf eine Verletzung der Rechte von Cimarron hindeuteten. Die Staatsanwaltschaft musste diesen Behauptungen rigoros entgegentreten und sicherstellen, dass jedes Beweisstück strengen rechtlichen Standards entsprach.

Schließlich befand die Jury Cimarron Bell des vierfachen Mordes für schuldig und verurteilte ihn zum Tode. Clara Peyton, die Mutter von Ineka Edmondson, sagte nach der Urteilsverkündung: "So steht es in der Bibel: Auge um Auge, Zahn um Zahn."

5

Der Gestank des Todes

Auf den ersten Blick war an diesem Haus in der Imperial Avenue in Cleveland, Ohio, nichts Besonderes. Bis auf eine Kleinigkeit: Die Frauen, die das Haus betraten, verließen es nie wieder. Den Nachbarn war nichts Ungewöhnliches aufgefallen. Sie sahen den Eigentümer des Hauses gelegentlich mit einer Frau ins Haus gehen, aber niemand wunderte sich, dass er nie mit einer der Ladys wieder herauskam. Die Wahrheit war, dass die Frauen das Haus nicht verlassen konnten – weil sie alle tot waren. Der "Würger von Cleveland" bewahrte ihre Leichen als Trophäen in seinem Haus auf.

Der Eigentümer des „Hauses des Schreckens“ war Anthony Sowell. Er war ein US-Marine und beging einige der abscheulichsten Verbrechen der jüngeren US-Geschichte in seinem eigenen Haus, das er als eine Art Lager für die Leichenreste nutzte. Das wahre Grauen seiner Taten wurde offenbar, als die Polizei 2009 die Leichen von elf Frauen in der Imperial Avenue in Cleveland entdeckte. Die Beamten fanden verwesende Leichen, die in verschiedenen Teilen des Hauses versteckt und in flachen Gräbern im Hof vergraben waren. Der Gestank des Todes durchdrang die Gegend so sehr, dass die Nachbarn zunächst vermuteten, der üble Geruch stamme von einer nahe gelegenen Wurstfabrik.

Crystal Dozier, das erste bekannte Opfer, verschwand im Mai 2007. Sie hatte sieben Kinder und kürzlich eines von ihnen verloren. Sie war am Boden zerstört, und dieser schmerzliche Verlust führte sie in den Drogenmissbrauch. Als Crystals Mutter sie als vermisst meldete, weigerte sich die Polizei, nach einer Drogensüchtigen zu suchen. Crystal hatte ihr Zuhause auf der verzweifelten Suche nach Drogen verlassen, wo sie auf Sowell traf, der ihr anbot, ihr zu geben, was sie wollte. Bei ihm zu Hause. Dort tranken sie Whisky und rauchten Crack. Und dann schnappte die Falle zu: Sowell fesselte sein Opfer, vergewaltigte Crystal mehrmals und erwürgte die Frau dann.

Das zweite Opfer war die 33-jährige Tishana Culver. Sie verschwand im Juni 2008. Da auch sie wegen Drogenmissbrauchs mehrfach mit dem Gesetz in Konflikt geraten war, wollte die Polizei nichts hören, als die Familie ihr Verschwinden meldete. Die Antwort war ähnlich wie bei Crystals Mutter: „Sie kommt schon wieder zurück, wenn ihr das Geld für Drogen ausgeht."

Mit der Zeit wurde der Cleveland-Würger immer kaltblütiger. Und niemand schöpfte Verdacht. Sein grausamer Dreisatz: entführen, vergewaltigen, erwürgen. Zwischen 2007 und 2009 verschwanden elf Frauen, und die Polizei ermittelte immer noch nicht.

Das dritte Opfer war Leshanda Long. Sie war jünger als die anderen Frauen. Sie verschwand im August 2008. Mit gerade einmal 25 Jahren hatte sie ihr ganzes Leben noch vor sich. Im Oktober 2008 entführte Sowell dann Michelle Mason. Sie hatte gerade eine Krebserkrankung überstanden, bevor sie in Sowells finstere Falle tappte. Opfer Nummer vier hieß Kim Smith. Auch Amelda „Amy" Hunter, Tonia Carmichael, Janice Webb und

Telacia Fortson verließen Sowells Haus nie wieder. Diane Turner, das letzte gefundene Opfer, wurde im September 2009 ermordet. Sie war eine Mutter von sechs Kindern.

Ein anderes Opfer war Nancy Cobb. Sie war 44 Jahre alt und kümmerte sich hingebungsvoll um ihre fünf Enkelkinder. Sie entsprach nicht dem typischen Profil, das Sowell im Sinn hatte. Sie hatte früher Drogen genommen, war aber schon eine Weile clean und versuchte, ihre Fehler aus der Vergangenheit wiedergutzumachen. Sie wohnte nur drei Blocks von dem „Haus des Schreckens“ entfernt und kannte Sowell. Sie grüßten sich freundlich, wenn sie sich auf der Straße trafen. Vielleicht war sie deshalb auf seiner Todesliste: Er wollte verhindern, dass Nancy etwas Seltsames an ihm und seinem Haus auffiel.

Sowells frühe Jahre waren ausgesprochen turbulent und von traumatischen Erfahrungen geprägt, die zweifellos seine psychische Verfassung beeinflussten. Sowell wurde 1959 in East Cleveland, Ohio, geboren. Seine Mutter, Claudia, soll ihn als Kind schwer misshandelt haben. Sein ganzes Leben lang zeigte er

Anzeichen schwerer psychischer Probleme. Seit seiner späten Jugend begann Sowell dann, Drogen zu nehmen. Sowell ließ all den Zorn und die Wut, die sich in seinen frühen Jahren angestaut hatten, an Frauen aus, die ihn an seine Mutter erinnerten. Alle seine Opfer waren schwarze Frauen im Alter seiner Mutter, als er aufwuchs. Alle außer Nancy waren drogenabhängig. Alle hatten Kinder und hatten aufgrund ihrer Sucht Schwierigkeiten, sie großzuziehen; wie seine eigene Mutter. Obwohl er selbst süchtig war, ließ er seine Gewalt an den mütterlichen Figuren aus, denen er die Schuld für all sein Leid gab.

Sowell konnte seine Jagd auf Frauen über zwei Jahre lang fortsetzen. Sein letztes Opfer war Diane Turner. Diane war 38 Jahre alt, als sie im September 2009 verschwand. Wie alle anderen Opfer versuchte auch sie verzweifelt, eine gute Mutter zu sein, während sie mit Drogen zu kämpfen hatte. Sie versuchte, mit den Drogen aufzuhören, aber es war zu spät. Sowell hatte sie bereits ins Visier genommen und hatte entschieden, dass sie die schlimmste Strafe verdiente: den Tod.

Obwohl in Cleveland elf Frauen verschwunden waren, leitete die Polizei keine Ermittlungen ein. 2009 war der überwältigende Gestank, der aus dem „Haus des

Schreckens“ drang, dann nicht mehr zu ignorieren. Am 29. Oktober klopfte die Polizei mit einem Haftbefehl an Sowells Tür. Er war nicht da, aber stattdessen entdeckten die Beamten drei Leichen, die unter dem Boden versteckt waren und die anderen im Hinterhof.

Sowell wurde zwei Tage später gefunden und verhaftet. Sowells Verteidiger argumentierten, dass er unter psychischen Problemen litt, darunter einer posttraumatischen Belastungsstörung, die auf seinen Militärdienst zurückzuführen sei. Die Anwälte behaupteten, dass diese Störung sein Urteilsvermögen beeinträchtigte, wodurch seine Schuldfähigkeit gemindert wurde.

Während des Prozesses gaben die Staatsanwälte eine detaillierte und verstörende Beschreibung des grausamen Tatbestands. Die Leichen der Frauen zeigten, dass Sowell sie brutal missbraucht hatte, bevor er sie eigenhändig erwürgte. Einige der Leichen waren zerstückelt. Eine Frau hatte er enthauptet, ihren Schädel in eine Papiertüte gesteckt und ihn dann vergraben. Die Staatsanwälte nutzten die Details, um zu beweisen, dass Sowell sich seiner Verbrechen sehr wohl bewusst war und akribisch geplant hatte, wie er die Leichen beseitigen würde.

2011 wurde der Würger von Cleveland zum Tode verurteilt. Während er im Todestrakt auf seine Hinrichtung wartete, wurde Sowell jedoch schwer krank und starb 2021 im Gefängniskrankenhaus von Ohio.

6

Der Brummi-Killer

Neun Monate lang hatten sie auf diesen Moment gewartet. Marco war ein hingebungsvoller Ehemann und hatte seiner Frau versprochen, bei der Geburt ihres Babys dabei zu sein, und er hielt sein Versprechen. Er hatte an diesem Abend frei, und als seine Frau ihn anrief, brauchte er nicht lange, um zu Hause zu sein. Während seine Frau die Taschen fertig packte und sich anzog, ging er ins Badezimmer. Dort zog er sich aus und warf die Kleider in den Müll. Dann drehte er den Warmwasserhahn auf und wusch sich wie besessen die Hände. Er musste jede Spur von Blut abwaschen und die Überreste seiner schrecklichen Tat den Abfluss herunterspülen.

Im Krankenhaus griff seine Frau nach seiner Hand, als eine Wehe kam. Mit Freudentränen in den Augen sagte sie ihm: „Du wirst so ein guter Vater sein!“ Sie glaubte, ihren Mann gut zu kennen, aber sie hätte sich nicht vorstellen können, dass er kurz vor seiner Heimkehr ein grausames Verbrechen begangen hatte. Er war gerade dabei, die Leiche loszuwerden, als sie anrief. An seinen Händen klebte noch das frische Blut seines Opfers.

Es war die Nacht des 19. Oktober 2004, und Asta wartete am Straßenrand. Sie war 25 Jahre alt, und als Prostituierte zu arbeiten, stand nun wirklich nicht ganz oben auf ihrer Wunschliste, als sie aus Litauen nach Deutschland kam. Sie war jung und voller Träume, aber die Realität schlug erbarmungslos zu. Irgendwie musste sie Geld verdienen und so wurde die Straße zu ihrem Arbeitsplatz. In dieser Nacht streifte sie durch die Straßen von Köln und wartete auf Kunden.

Die Lichter eines Lastwagens blendeten sie. Der Fahrer des Trucks war Marco Metzler und er lud sie ein, in den LKW einzusteigen. Er fuhr mit Asta auf dem Beifahrersitz aus der Stadt heraus und hielt erst an, als er die A57 außerhalb der Stadt Moers erreichte. Asta wusste, dass ihr etwas Schreckliches bevorstand, denn nachdem sie in den LKW gestiegen war, legte er ihr ein Seil um den Hals und versuchte, sie zu erwürgen.

Würgend und gurgelnd flehte Asta ihn an, sie gehen zu lassen. Sie wusste nicht, dass das nächtliche Köln das Jagdgebiet eines Serienmörders war, und in dem Moment, in dem sie Metzlers Einladung annahm, hatte seine Falle zugeschnappt. Asta war verzweifelt, aber entschlossen, um ihr Leben zu kämpfen. Sie konnte das Seil lösen, die Tür aufstoßen und aus dem fahrenden Lastwagen springen. Sie rannte so schnell sie konnte, aber sie war nicht schnell genug.

Metzler verfolgte sie mit seinem LKW und holte sie ein. Er überwältigte Asta und versuchte, sie zu ersticken. Diesmal würgte er sie so stark, dass Asta das Bewusstsein verlor. Dann nahm er ein Messer und stach ihr mehrmals in den Bauch. Er hörte erst auf, wie wild auf die junge Frau einzustechen, als er glaubte, dass sie tot war. Dann klingelte sein Handy. Mit blutigen Händen ging er ran und sagte seiner Frau, dass er auf dem Weg sei. Mit ruhiger Stimme sagte er: „Ich werde da sein, um deine Hand zu halten, wenn unser Sohn zur Welt kommt.“ Er ließ Astas Körper an der Straße liegen – wie Abfall – und machte sich auf den Weg nach Hause.

Unmittelbar nach der Tat kehrte Metzler nach Hause zurück und übernahm wieder die Rolle des pflichtbewussten Ehemanns, indem er seine Frau zur Geburt ihres Sohnes ins Krankenhaus brachte. Was führte dieser Mann doch für ein krankes Doppelleben: Nach außen hin erschien Metzler als liebevoller Familienvater, doch hinter dieser Fassade verbarg sich ein kaltblütiger Mörder!

Wie durch ein Wunder überlebte die litauische Prostituierte Metzlers brutalen Angriff. Passanten fanden sie am Straßenrand und riefen einen Krankenwagen. Als sie ansprechbar war, schilderte sie der Polizei die Einzelheiten des Vorfalls. Doch trotz ihrer Aussage gelang es der Polizei nicht, ein Täterprofil zu erstellen und Metzler zu überführen. In der Zwischenzeit spielte er den liebevollen Ehemann und Vater.

Asta zu entführen, zu vergewaltigen und fast zu ermorden, war nicht Metzlers erstes Verbrechen. Die Gewaltorgie von Marco Metzler begann mit einem Vorfall, der die Stadt Köln in Schock und Schrecken versetzte. Das erste Opfer war Sammy. Ihr richtiger Name war Nicole, und als Metzler sie entführte, war sie 32 Jahre alt. Sie war Prostituierte und arbeitete auf den Straßen von Köln. Der LKW-Fahrer fand sie an der Militärringstraße in Köln-Ossendorf. Dort war sie fast jede Nacht unterwegs und wartete auf Freier. Sie stieg in den LKW, und Metzler fuhr aus der Stadt hinaus. Er parkte am Straßenrand und fiel über sie her. Er würgte sie, riss ihr die Kleider vom Leid und stach wie besessen auf ihre Brust ein. Dann vergewaltigte er sie.

Sammys Leiche wurde am 15. November 2003 halb verdeckt von Büschen in der Nähe eines Baumarktes in Dormagen gefunden. Die Leiche wies Spuren von massiven Schlägen, sexueller Gewalt und vielen Schnittwunden auf. Die Autopsie ergab später, dass sie durch Strangulation gestorben war und die Wunden mit einem Messer erst zugefügt wurden, nachdem sie bereits tot war. Das Verbrechen entsetzte die Menschen in Köln.

Metzler war ein besessener, methodischer Mörder. Neben seiner abscheulichen Vorgehensweise hatte er eine bevorzugte Jahreszeit: den Winter. Sein erstes Verbrechen beging er im November 2003. Sein nächster Angriff erfolgte fast ein Jahr später, im Oktober 2004, als er Asta entführte und beinahe tötete. Ein Jahr später begab er sich auf die Straßen Kölns, um nach einem neuen Opfer zu suchen: Am 1. November 2005 entführte er Aneta Budz, eine Polin, die in Dillenburg lebte. Ihre Leiche wurde halbnackt auf der A45 in der Nähe von Siegen gefunden. Laut Autopsie wurde sie erwürgt. Erst jetzt wurde den Ermittlern klar, dass es ein Muster gab. Die Medien griffen die grausamen Details der Morde auf und verpassten dem unbekannten Serienmörder den Spitznamen „Brummi-Killer“.

Als sich das Netz um Metzler zu schließen begann, zeichnete sich allmählich das wahre Ausmaß seiner doppelten Existenz ab. Seine Nachbarn und Kollegen waren schockiert, als sie erfuhren, dass der bescheidene Mann, den sie zu glauben kannten, zu solchen Gräueltaten fähig war. Aus den Interviews mit Bekannten ging ein Bild eines Mannes hervor, der unauffällig und äußerst höflich war, was es umso schwieriger machte, sich mit der Realität seiner Verbrechen abzufinden. Dieser Kontrast verdeutlicht eine gemeinsame Eigenschaft bestimmter Serienmörder – eine entwaffnende Normalität, die es ihnen ermöglicht, sich in die Gesellschaft einzufügen, bis ihre dunkle Seite endlich aufgedeckt wird.

Wie viele Serienmörder hatte auch Metzler ein bevorzugtes Jagdgebiet: Sein Hauptziel waren Prostituierte in den Straßen von Köln, aber er tötete sie dort nicht. Stattdessen brachte er sie an Orte in der Nähe von Autobahnen. Diese Methode ist bei Serienverbrechen von entscheidender Bedeutung, da sie dabei hilft, ein „Jagdrevier“ für den Kriminellen zu ermitteln, und wertvolle Hinweise auf seine täglichen Routinen und Aufenthaltsorte liefert. Dennoch wurde die Untersuchung der Verbrechen von Metzler dadurch noch komplexer, da die Ermittler dieses Jagdrevier in der Nähe der Autobahnen und nicht in den Vorstadtstraßen von Köln eingezeichnet hatten. Sie waren ihm dort auf der Spur, wo er am Ende die Verbrechen begangen hatte - aber nicht dort, wo er seinen Opfern auflauerte.

Beim geografischen Profiling werden verschiedene Faktoren genutzt, um die Verdächtigen auf bestimmte Orte einzugrenzen. Die Tatortanalyse spielt in diesem Prozess eine entscheidende Rolle. Die Ermittler analysieren die Orte mehrerer Straftaten und suchen nach räumlichen Mustern, die darauf hindeuten, wo der Täter leben oder sich häufig aufhalten könnte. Wenn beispielsweise mehrere Angriffe in einem bestimmten Umkreis oder entlang bestimmter Routen stattfinden, können Analysten die Hypothese aufstellen, dass der Angreifer durch diese Gebiete reist oder in der Nähe wohnt.

Die Vorhersagefähigkeiten des geografischen Profiling hängen vom Verständnis des räumlichen Verhaltens von Kriminellen ab. Dieser Ansatz hat sich bei der Festnahme von Serientätern als wirksam erwiesen, indem er vorhersagt, wo sie als Nächstes zuschlagen könnten. Ein bemerkenswertes Beispiel für den Erfolg dieser Methode war die Festnahme des „Railway Rapist“ in Großbritannien, der seinen Opfern in den 1980er-Jahren in Londoner Zügen auflauerte. Mithilfe geografischer Profilerstellung konnten potenzielle Wohngebiete ermittelt werden, was schließlich zur Festnahme von John Duffy führte.

Nach dem Mord an der Polin änderte sich etwas in Metzlers Tötungsmuster. Er wartete nicht mehr ein Jahr auf seinen nächsten Angriff. Am 6. Juni 2006 – sieben Monate nach seiner letzten Tat – schlug der Brummi-Killer erneut zu. Diesmal wählte er ein jüngeres Opfer. Anna war eine 18-jährige Studentin, die auf dem Heimweg nach Kassel war. Diese Frau war jünger als die bisherigen Opfer und keine Prostituierte.

Annas Leiche wurde auf der A49 zwischen Kassel und Fritzlar gefunden. Diesmal brachte die Autopsie einige erschreckende Details darüber ans Licht, was der Täter der jungen Frau angetan hatte: Er nahm sie wie üblich in seinem LKW mit, erwürgte sie jedoch zuerst und missbrauchte sie, als sie bereits tot war. Die Vorgehensweise des Mörders änderte sich, und so wusste die Polizei, dass sie weniger Zeit hatte, ihn vor neuen und noch grausameren Angriffen zu fassen. Sie verteilten Phantombilder und drei Bürger erkannten ihn auf dem Bild und gaben der Polizei einen Namen: Marco Metzler. Metzler wurde schließlich im August 2006 verhaftet. Die Polizei ging zu seinem Haus und verhaftete ihn vor den

Augen seiner Frau und seines kleinen Sohnes. Bei der Verhaftung rief sie immer wieder, dass er unschuldig sei und dass es sich um einen schrecklichen Irrtum handeln müsse. Noch am selben Nachmittag erkannte Asta Metzler als ihren Angreifer.

Der Prozess, der in den Medien große Aufmerksamkeit erregte, war eine komplexe und emotional aufgeladene Angelegenheit. Die Staatsanwaltschaft legte ein überzeugendes Plädoyer vor, das durch stichhaltige Beweise untermauert wurde, die während der Ermittlungen gesammelt wurden. DNA-Tests ergaben, dass die in Annas Körper gefundenen Spuren mit denen von Metzler übereinstimmten. Es gab keine Zweifel: Marco Metzler war der Brummi-Killer. Als er merkte, dass die Beweislast zu schwer wurde, gestand er alle Verbrechen und versuchte verzweifelt, eine Strafmilderung zu erreichen.

Metzler erhielt mehrere lebenslange Haftstrafen ohne die Möglichkeit einer vorzeitigen Entlassung. Während des Prozesses enthüllte Metzler ein weiteres erschreckendes Detail seiner Verbrechen: Er erzählte dem Richter und den fassungslosen Zuhörern im Gerichtssaal, dass er sich immer dann ein Opfer zum Töten aussuchte, nachdem er mit seiner Frau Sex hatte. Seine Frau saß im Publikum und Metzler schrie sie an: „Ich habe es getan, um dich nicht zu töten ... Wenn ich sie nicht getötet hätte, hätte ich dich getötet."

7

Angelausflug in den Tod

April 2003. Ein Paar ging in Richmond, Kalifornien, am Wasser spazieren. Am Ufer erregte etwas ihre Aufmerksamkeit. Sie trauten ihren Augen nicht, als sie feststellten, dass sie menschliche Überreste gefunden hatten. Später erfuhren sie von der Polizei, dass diese einer Frau gehörten, die vier Monate zuvor als vermisst gemeldet worden war. Die Frau war Laci Peterson (27). Sie war im achten Monat schwanger und der Junge sollte Conner heißen.

Laci und ihr Ehemann Scott (31) waren das Sinnbild einer scheinbar perfekten Beziehung, die während ihrer

College-Zeit begann und sich durch die Ehe und die Pläne für eine wachsende Familie fortsetzte. Das Paar schien die Essenz eines perfekten amerikanischen Paares zu verkörpern. Ihre Beziehung begann während des Studiums an der California Polytechnic State University in San Luis Obispo, wo sie sich zum ersten Mal begegneten. Sie heirateten 1997 und schienen laut Freunden und Familie ein harmonisches Leben zu führen.

Scott, der für seine überaus charmante Art bekannt war, leitete ein Düngemittel-Unternehmen, während Laci, die sich riesig darauf freute, eine Familie zu gründen, als Lehrerin arbeitete. Sie konnte es kaum erwarten, endlich Mutter zu werden. Diese perfekte Fassade fiel jedoch an Heiligabend 2002 in sich zusammen, als Laci auf mysteriöse Weise verschwand und eine Kette von Ereignissen in Gang setzte, die landesweit für Aufsehen sorgen sollten. Scott, der liebevolle Ehemann, wurde zum Hauptverdächtigen.

An diesem Morgen des 24. Dezember 2002 wurde Laci gesehen, wie sie mit dem Familienhund McKenzie durch ein ruhiges Viertel in Modesto, Kalifornien, spazierte. Das war das letzte Mal, als Laci lebend gesichtet wurde.

Im Laufe des Tages behauptete Scott, er sei zum Angeln an der Berkeley Marina gewesen, ein Detail, das für die späteren Ermittlungen von entscheidender Bedeutung sein würde. Kurz nach Mittag fand ein Nachbar McKenzie allein mit angelegter Leine umherstreunen. Laci hätte ihren geliebten Hund niemals unbeaufsichtigt gelassen.

Am Abend kehrte Scott vom Angeln nach Hause zurück und konnte Laci nirgends finden. Er telefonierte mit Familienmitgliedern und kontaktierte zunächst Lacis Mutter Sharon, in der Hoffnung, Laci sei vielleicht bei ihr. Als klar wurde, dass niemand etwas von ihr gehört oder gesehen hatte, brach Panik aus und eine verzweifelte Suche nach Laci begann. Die Polizei wurde am späten Abend benachrichtigt.

Die Suche nach Laci erstreckte sich über mehrere Monate, und Scott geriet immer mehr in den Fokus der Ermittlungen. Zunächst spielte Scott den Ehemann mit gebrochenem Herzen, doch sein Verhalten und seine Handlungen ließen die Leute zunehmend stutzig werden. Nur wenige Tage nach Lacis Verschwinden verkaufte Scott ihr Auto und erwog auch, ihr Haus zu verkaufen. Darüber hinaus kamen Enthüllungen über Scotts diverse außereheliche Affären, insbesondere mit der Masseurin Amber Frey, ans Licht.

Zudem stießen die Ermittler auf einige auffällige Verhaltensweisen vor dem Verschwinden seiner Frau: Am 24. Dezember 2002 wurde Scott dabei beobachtet, wie er sein Boot in der Berkeley Marina zu Wasser ließ, um zu seinem Angelausflug aufzubrechen.

Im April 2003, fast vier Monate nach Lacis Verschwinden, erreichte der Fall einen traurigen Höhepunkt, als ein Paar, das am See in Richmond spazieren ging, das Opfer fand. Es war die verwesende Leiche von Laci, die ihr ungeborenes Kind in sich trug. Scott wurde daraufhin am 18. April 2003 verhaftet. Die Polizei konnte Scott kurz vor der mexikanischen Grenze dingfest machen: mit gefärbten Haaren, dem Reisepass seines Bruders und einer großen Menge Bargeld im Gepäck. Offenbar ein Fluchtversuch.

Ab Anfang Dezember 2002 begann Scott, sich äußerst ungewöhnlich zu verhalten: Er kaufte sich plötzlich ein Boot und studierte verschiedene Ankertechniken. Die Vorbereitungen für seinen finsteren Plan. Doch Scott leugnete konsequent, irgendetwas mit Lacis Tod zu tun zu haben und versuchte, sich als Opfer der Tragödie darzustellen. Die Entdeckung von Scotts heimlicher Beziehung zu Amber Frey machte viele Menschen fassungslos; vor allem, weil er seine Affäre unvermindert fortgesetzt hatte, selbst als seine Frau vermisst wurde.

Der Prozess gegen Scott Peterson ist nach wie vor einer der bekanntesten und am meisten untersuchten Rechtsfälle der jüngeren Geschichte. Scott hatte viele Freunde, die bereit waren, sich für ihn einzusetzen und auszusagen, was für ein hingebungsvoller Ehemann er war. Die Nachbarn schwärmten von dem schönen Haus, das sie hatten, den Nachmittagen im Garten, an denen sie mit dem Hund spielten, und den fröhlichen Grillabenden am Sonntag. Trotz der vielen Hinweise, die auf Scott als Täter hindeuteten, fehlte noch ein entscheidendes Puzzleteil: das Motiv. Warum sollte Scott seine schöne Frau töten wollen? Wie konnte ein so netter und charmanter Mann sein eigenes ungeborenes Kind töten? Aber warum nahm sich Scott noch die Zeit, in aller Ruhe zu duschen und eine Pizza zu essen, bevor er die Polizei über das Verschwinden seiner Frau informierte?

Forensische Experten traten in den Zeugenstand und legten Analysen vor, die Scott mit dem Tatort in Verbindung brachten. Sie beschrieben, wie die Leichen von Laci und ihrem ungeborenen Kind in der Nähe der Bucht von San Francisco gefunden wurden, wo Scott nach eigenen Angaben am Tag ihres Verschwindens geangelt hatte.

Das Verteidigungsteam unter der Leitung von Mark Geragos stellte die Zuverlässigkeit der forensischen Ergebnisse in Frage und deutete an, dass Einbrecher, die in der Gegend aktiv waren, für Lacis Tod verantwortlich gewesen sein könnten. Darüber hinaus wiesen sie auf Unstimmigkeiten in den Zeugenaussagen hin und betonten das Fehlen eines endgültigen Beweises dafür, dass Scott den Mord begangen hatte. Sie behaupteten, dass Scotts Geliebte ihre eigenen persönlichen Gründe hatte, ihn für das Verbrechen verantwortlich zu machen. Er hatte ihr versprochen, seine Frau zu verlassen, aber er hatte es nicht getan. Die Verteidigung argumentierte, dass seine Geliebte Amber ein Mordmotiv gehabt haben könnte, da Scott Laci nicht – wie versprochen – verlassen hatte und Amber sie deswegen aus dem Weg räumte.

Die Jury sprach Scott Peterson in zwei Fällen wegen Mordes ersten und zweiten Grades für schuldig: des Mordes an Laci and ihrem ungeborenen Sohn Conner. Das Urteil: Tod durch Giftspritze. Aber im Jahr 2020 wurde das Urteil wegen eines Verfahrensfehlers in lebenslange Haft, ohne die Möglichkeit einer vorzeitigen Entlassung umgewandelt. Er hat die Tat nie gestanden, und wir werden nie erfahren, ob ein Unschuldiger sein ganzes Leben hinter Gittern verbringen wird oder ob Laci den größten Teil ihres Lebens mit einem Psychopathen verbracht hat, der schon immer vorhatte, sie zu töten.

Bei seinem ersten Verhör im Gefängnis erzählte Scott seine Version von Lacis Tod: „Es gab einen Einbruch gegenüber unserem Haus. Es waren viele Leute bei diesem Einbruch. Und ich glaube, Laci ging hinüber, um zu sehen, was vor sich ging. Und dann wurde sie entführt."

8

Das rätselhafte Verschwinden von Madeleine McCann

Es hätte eigentlich ein Traumurlaub in Portugal werden sollen, aber stattdessen wurde die Tour zu einem Horrortrip.

Die Familie McCann kam aus Großbritannien und erreichte den "Ocean Club" in Praia da Luz, Portugal, auf der Suche nach Erholung und in bester Urlaubslaune. Das Ehepaar Kate und Gerry hatte sich für den ruhigen Ferienort entschieden, der für seine Schönheit und familienfreundliche Atmosphäre bekannt war. Sie hatten drei Kinder, die zweijährigen Zwillinge und die dreijährige Madeleine. Praia da Luz bot die saubersten Strände, aber auch die Ruhe und Sicherheit einer Kleinstadt am Meer. Als sie im Resort ankamen, glaubten sie, dass alles genauso war, wie sie es sich erträumt hatten. Daher hielt es das Paar für keine so schlechte Idee, die Kinder in der Wohnung schlafen zu lassen, während sie in einem nahe gelegenen Restaurant zu Abend aßen und ein paar Drinks nahmen.

Gerry und Kate McCann wohnten mit ihren drei Kindern in einer Erdgeschosswohnung innerhalb des Resort-Komplexes. Die Lage der Wohnung war entscheidend, da sie sich in unmittelbarer Nähe zu den Restaurants und Bars des Ocean Clubs befand, darunter eine Tapas-Bar, in der sich die Eltern an jenem verhängnisvollen Abend aufhielten. Am Abend des 3.

Mai 2007 gingen sie ohne die Kinder aus. Sie wähnten die drei sicher in ihren Bettchen in der Clubwohnung.

Der Abend war lau und ruhig, und die Kinder waren nach einem ganzen Tag, an dem sie im Wasser gespielt hatten, hundemüde. „Sie werden nicht einmal merken, dass wir weg waren", sagte einer der Freunde der McCanns, die mit der Familie nach Portugal gekommen waren. Schließlich beschlossen sie, zusammen in die Tapas-Bar auf der anderen Straßenseite zu gehen.

Die Kinder schliefen gegen 20:30 Uhr ein und das Paar machte sich bereit fürs Abendessen. Sie vereinbarten, abwechselnd alle halbe Stunde nach den Kindern zu sehen, die im Schlafzimmer schliefen. Um 21:00 Uhr war Gerry an der Reihe. Als er zurückkam, küsste er seine Frau und beruhigte sie, dass die Kinder wie kleine Engel schlafen würden. Eine halbe Stunde später wollte Kate sich selbst davon überzeugen, aber ein Freund bot an, nach dem Rechten zu sehen, da er eh auf dem Weg zu seiner eigenen Wohnung war, um nach seinen Kindern zu sehen. Kate wollte später nachkommen.

Es war kurz nach 22 Uhr, als Kate McCann in die Wohnung zurückkehrte, um nach den Kindern zu sehen.

Ihr stockte der Atem, als sie dort nur ein leeres Bett vorfand, in dem Madeleine eigentlich friedlich hätte schlafen sollen. Kate rannte zurück ins Restaurant und rief: „Madeleine ist weg! Jemand hat sie entführt!"

Gerry und Kate durchsuchten die Wohnung und die Umgebung wie wild und hofften, ein Zeichen von ihrer Tochter zu finden. Ihre Hilferufe mobilisierten schnell andere Gäste und Mitarbeiter des Resorts, die sich an der Suche beteiligten. Auch die örtlichen Behörden wurden sofort benachrichtigt und trafen innerhalb weniger Minuten am Tatort ein, um mit ihren Ermittlungen zu beginnen.

Trotz dieser schnellen Bemühungen standen die Behörden von Anfang an vor großen Herausforderungen. Die portugiesische Polizei, die mit der Bearbeitung derartiger Fälle nicht vertraut war, ging zunächst davon aus, dass Madeleine einfach nur verloren gegangen war, und nicht, dass sie entführt worden war. Diese Annahme beeinflusste ihre ersten Maßnahmen und führte zu einer entscheidenden Verzögerung bei der Einrichtung von Straßensperren und der Benachrichtigung der Grenzbehörden. Auch der darauffolgende Medienrummel trug dazu bei, die Ermittlungen zu behindern, da Reporter und Schaulustige den kleinen Ferienort überfluteten und wertvolle Spuren am Tatort möglicherweise verwischten.

In den ersten Stunden der Untersuchung traten mehrere Unklarheiten und Unstimmigkeiten zutage. Einer der ersten großen Punkte, die für Verwirrung sorgten, war der zeitliche Ablauf der Ereignisse. Verschiedenen Berichten zufolge gaben mehrere Personen aus der Gruppe der Tapas-Bar an, im Laufe des Abends zu unterschiedlichen Zeiten nach ihren Kindern gesehen zu haben. Es gab jedoch Unstimmigkeiten in diesen Aussagen darüber, wann sie Madeleine zuletzt gesehen hatten.

Die McCanns selbst gaben im Laufe der Zeit unterschiedliche Berichte darüber ab, wie sie an diesem Abend in die Wohnung gelangt waren. Zunächst gaben sowohl Gerry als auch Kate an, dass sie die Wohnung durch die Vordertür mit einem Schlüssel betreten hatten. Später änderten sie jedoch ihre Geschichte und sagten, sie seien durch die unverschlossenen Terrassentüren eingetreten. Nur eine harmlose falsche Erinnerung oder steckte mehr dahinter?

Ein weiteres mysteriöses Element betraf das Fenster und den Fensterladen in Madeleines Schlafzimmer. Erste Berichte deuteten darauf hin, dass das Fenster aufgebrochen worden war. Es gab jedoch keine physischen Beweise für diese Behauptung, und Videoaufnahmen, die kurz nach dem Verschwinden gemacht wurden, zeigten das Fenster und den Fensterladen intakt. Darüber hinaus gab Kate McCann zwei unterschiedliche Versionen darüber ab, wie sie feststellte, dass Madeleine verschwunden war. In ihrer ersten Aussage erwähnte sie, dass ihr das offene Fenster und der offene Fensterladen sofort beim Betreten des Zimmers aufgefallen seien. In einer späteren Aussage gab sie an, dass alles normal schien, bis sie bemerkte, dass die Schlafzimmertür weiter als gewöhnlich offen stand.

In die Ermittlungen wurden nun internationale Behörden mit einbezogen, darunter Scotland Yard und Interpol. Trotz umfangreicher Durchsuchungen, Befragungen und zahlreicher Spuren wurden nur wenige konkrete Beweise aufgedeckt. Die Aussagen von Augenzeugen waren zum Teil widersprüchlich, und es gab keine Einigkeit darüber, ob jemand gesehen hatte, wie Madeleine aus der Wohnung gebracht wurde.

Eine besonders interessante Zeugenaussage kam von Jane Tanner, einer Mitarbeiterin der Tapas Bar. Frau Tanner berichtete, dass sie einen Mann gesehen habe, der ein kleines Kind trug, das Madeleines Beschreibung entsprach, und zwar in der Nähe der Wohnung der McCanns, etwa zur Zeit ihres Verschwindens. Obwohl ihr Bericht überzeugend war, wurde er von der portugiesischen Polizei nicht sofort weiterverfolgt, was die umfassenderen Probleme in den Anfangsphasen der Ermittlungen widerspiegelt.

Jahre später identifizierten deutsche Behörden Christian Brückner, einen bekannten Sexualstraftäter, als Verdächtigen im Fall des Verschwindens von Madeleine. Seine Beteiligung lenkte erneut Aufmerksamkeit auf den Fall, aber es blieben Fragen zur Zuverlässigkeit früherer Zeugenaussagen und Ermittlungsverfahren offen. Berichten zufolge wurde sein Mobiltelefon in der Nacht des Verschwindens in der Nähe des Tatorts geortet.

Im Laufe der Ermittlungen tauchten weitere Personen als Verdächtige auf, die jeweils das Interesse der Öffentlichkeit und der Medien weckten. Zunächst konzentrierte sich die Aufmerksamkeit auf Robert Murat, einen britischen Auswanderer, der in der Nähe der Ferienwohnung der McCanns lebte. Er wurde zum Verhör vorgeladen, doch es wurden keine Beweise gefunden, die ihn mit dem Verschwinden Madeleines in Verbindung brachten.

Eine bedeutende Wendung in dem Fall kam, als Madeleines Eltern, Kate und Gerry McCann, im September 2007 von den portugiesischen Behörden zu „Arguiidos" oder formellen Verdächtigen erklärt wurden. Die Polícia Judiciária (PJ), die wichtigste Ermittlungsbehörde in Portugal, konzentrierte sich nun auf die Eltern, nachdem eine forensische Analyse des Mietwagens, den sie Wochen nach Madeleines Verschwinden gemietet hatten, angeblich auf die Anwesenheit von Madeleines DNA hinwies. Später wurde diese Ermittlungslinie jedoch aufgrund unzureichender Beweise eingestellt.

Die laufenden Untersuchungen wurden im Rahmen der "Operation Grange" fortgesetzt, die seit 2011 von Scotland Yard geleitet wird. Durch diese Bemühungen ist der Fall weiterhin in der Öffentlichkeit präsent, Tausende von Hinweisen wurden geprüft und alte Beweise mit moderner Technologie neu bewertet.

Die Rolle der Medien während der gesamten Untersuchung kann nicht hoch genug eingeschätzt werden. Von Anfang an sorgte das Verschwinden für eine massive Berichterstattung in der Presse, wobei Zeitungen, Fernsehsender und Online-Plattformen um Updates und Exklusivberichte wetteiferten. Die Aufmerksamkeit der Medien trug zwar dazu bei, Madeleines Fall im öffentlichen Bewusstsein zu halten – was möglicherweise zur Generierung von Hinweisen und zur internationalen Aufmerksamkeit beitrug –, hatte aber auch ihre Nachteile. Sensationsgierige Berichterstattung führte zu Fehlinformationen und schuf falsche Fährten, die die Ermittlungen erschwerten.

Angesichts des großen weltweiten Interesses an dem Fall strömten weiterhin Informationen aus allen Ecken herein. Die Hinweise reichten von angeblichen Sichtungen von Madeleine an exotischen Orten bis hin zu Aussagen von Personen, die behaupteten, ihren Aufenthaltsort zu kennen. Zum Beispiel erzwangen Berichte über Sichtungen von Madeleine in Marokko und anderen Ländern den Einsatz von Ressourcen an diesen Orten, obwohl sich diese letztendlich als Fehlalarme herausstellten. Jede Wendung in der Untersuchung erforderte eine Neubewertung und Neuausrichtung der Strategien, was die ohnehin schon knappen Ressourcen noch weiter belastete.

Der Fall bleibt eines der größten Rätsel der jüngeren Kriminalgeschichte, und die Liste der Verdächtigen wächst ständig weiter. Immer wieder gerieten auch Madeleines Eltern ins Kreuzfeuer: Die Menschen gaben ihnen die Schuld dafür, dass sie die drei Kinder allein gelassen und einer Gefahr ausgesetzt hatten. Die Leute sagten: „Ich meine, ihr passt auf Reisen auf euren Koffer auf. Warum passt ihr dann nicht auf euer Kind auf?“

9

Der Engel des Todes

Liebes Tagebuch,

ich musste heute Gerechtigkeit üben. James Silcox hat sich mir gegenüber völlig unangemessen verhalten, und ich musste das Richtige tun. Gott weiß, dass ich das Richtige getan habe. Ich verspürte den inneren Drang, ihm eine Überdosis zu verabreichen. Er hat für seine Sünden bezahlt und wird nun in Frieden ruhen.

Elizabeth,

September 2007.

James Silcox war ein 84-jähriger Patient im Altenheim "Caressant Care" in Ontario/Kanada, und die Frau, die den Tagebucheintrag unterschrieb, war Elizabeth Wettlaufer, seine Pflegerin.

Wettlaufer beging ihre Verbrechen innerhalb der vermeintlich sicheren Mauern von Langzeitpflegeeinrichtungen. Ihre Opfer: alte und wehrlose Menschen. Diese Verbrechen waren nicht nur aufgrund ihrer schieren Anzahl schockierend, sondern auch wegen des Umfelds, in dem sie begangen wurden – ein Umfeld, das eigentlich gerade vor solchen Gräueltaten hätte schützen müssen.

Zu ihren bestätigten Opfern gehörten Gladys Millard (87), Helen Matheson (95), Mary Zurawinski (96), Helen Young (90), Maureen Pickering (79) und Arpad Horvath (75). Vermutlich fanden noch sehr viel mehr alte Menschen in der Obhut von Wettlaufer den Tod.

Gladys war eine sanfte alte Dame, und jeden Tag sagte sie Elizabeth, dass sie so gerne nach Hause zurückkehren wolle. Die Krankenschwester schrieb in ihr Tagebuch, dass sie den Kummer der alten Frau spürte, die sich nach ihrer Familie sehnte. Doch niemand besuchte sie jemals in der Pflegeeinrichtung. Elizabeth wollte sie von ihrem unermesslichen Leid erlösen. Das redete sich der "Engel des Todes" jedenfalls selber ein.

Helen Matheson und Mary Zurawinski näherten sich der 100-Jahre-Marke.

„Sie haben genug gelebt“, schrieb Elizabeth, „und sie sollten anderen Patienten Platz machen, die meine Aufmerksamkeit mehr brauchen."

Eine Woche nach dem Eintrag starben beide Frauen plötzlich aufgrund ihres "fortgeschrittenen Alters" und mehrerer "Begleiterkrankungen". Niemand suchte nach anderen Gründen für ihren plötzlichen Tod.

Bei Helen Young hatte Elizabeth ähnliche Argumente. Die Frau war seit vielen Monaten schwer krank und verließ fast nie ihr Bett. Elizabeth gab an, Mitleid mit ihr zu haben, und betete jeden Tag dafür, dass Gott sie zu sich nehmen möge. In Wettlaufers Tagebuch gab es – im Gegensatz zu Helen und Mary – keinen Hinweis auf Helens Ermordung. Elizabeth sollte dies aber später gestehen. Manchmal sagte sie zu ihren Kollegen, dass etwas Schlimmes passiert sei und dass sie Schuld sei. Aber die anderen Krankenschwestern glaubten, sie beziehe sich auf den Tod von ihren Patienten. Eine ihrer

Kolleginnen erklärte später, dass Krankenschwestern oft sich selbst die Schuld geben, wenn ein Patient stirbt. Niemand konnte sich vorstellen, dass Elizabeth es selbst war, die den Tod zu ihren wehrlosen Patienten brachte.

Über ihre Patientinnen Maureen und Arpad schrieb Wettlaufer in ihr Tagebuch, die Patienten hätten sie angeblich angeschrien oder ihr „zu viele Anweisungen gegeben und sie gehetzt, ihnen zu helfen". In allen Fällen schien sie zu glauben, dass sie tat, was getan werden musste. Und das war, die alten Menschen unverzüglich ins Jenseits zu befördern. Alle diese armen Menschen standen zum Zeitpunkt ihres Todes unter Wettlaufers Obhut.

Ihre Tagebucheinträge gewähren einen beunruhigenden Einblick in Wettlaufers kranke Psyche. Sie hielt ihre Gefühle im Zusammenhang mit jedem einzelnen Mord schriftlich fest. Ihr Hinweis auf die Überdosis, die sie dem 84-jährigen James Silcox verabreicht hatte, nachdem dieser sich ihr gegenüber „unangemessen" verhalten hatte, zeichnete das Bild einer Person, die sich selbst offenbar als göttliche Richterin über Leben und Tod sah. Sie verstand die Morde wohl als eine verdrehte Form der emotionalen Befreiung und Kontrolle. In einem Eintrag schrieb sie über das Gefühl einer „roten Welle“, die sie als göttliches Signal beschrieb, das sie zum Handeln anspornen würde. Diese rote Welle gab Wettlaufer ein vermeintliches Mandat, das es ihr erlaubte, die Verantwortung von sich selbst auf diese äußere, übernatürliche Kraft zu verlagern. So konnte Wettlaufer ihre abscheulichen Taten rationalisieren und ihren Amoklauf ohne jede Reue fortsetzen.

Wettlaufers Hauptarbeitsplatz "Caressant Care" ist von zentraler Bedeutung, um zu verstehen, warum ihre Verbrechen so lange unbemerkt bleiben konnten. In dieser Einrichtung waren viele ihrer Opfer untergebracht, es starben regelmäßig Patienten eines natürlichen Todes (wodurch ihre Morde nicht weiter auffielen) und sie hatte dort Zugang zu den Mitteln, mit denen sie ihre Morde beging: hauptsächlich Insulin. Wird Insulin in einer zu hohen Dosis verabreicht, sinkt der Blutzuckerspiegel unter ein kritisches Niveau und es kommt zu Hypoglykämie. In der Folge werden lebenswichtige Organe nicht mehr mit Energie versorgt. Die Patienten sterben an Herzstillstand oder Organversagen. Zugleich ist eine Insulin-Überdosis nur

schwer nachzuweisen.
Wettlaufers Methode war erschreckend effektiv, da Insulin nicht so streng überwacht wird wie Betäubungsmittel. So konnte sie tödliche Dosen verabreichen, ohne dass sofort Verdacht geschöpft wurde. Ihr Verständnis dafür, wie Insulin den Körper beeinflusst, ermöglichte es ihr, es als Waffe einzusetzen und gleichzeitig den Anschein von Fürsorge zu wahren. Ihre Opfer wählte sie nicht zufällig aus; sie wählte diejenigen aus, die sich nicht verteidigen oder Alarm schlagen konnten. Viele von ihnen litten an Demenz, was die Wahrscheinlichkeit weiter verringerte, dass jemand ihren plötzlichen Verfall in Frage stellte.

Der Begriff der Sterbehilfe spielte bei Wettlaufers Verbrechen eine komplexe Rolle. Sie rechtfertigte einige ihrer Handlungen damit, dass sie das Leiden ihrer Patienten beendete, obwohl ihre Beweggründe eigennützig waren. Bei ihren sogenannten „Gnadenakten" ging es ausschließlich um ihre eigene Befriedigung und nicht um echtes Mitgefühl.

Langzeitpflegeeinrichtungen haben oft mit Unterfinanzierung und Personalmangel zu kämpfen.

Wettlaufer nutzte diese systemischen Schwächen aus und agierte unter Bedingungen, in denen ihre Handlungen inmitten des täglichen Chaos und der hohen Anforderungen an das Pflegepersonal übersehen werden konnten.
In ihrer Rolle als Krankenschwester hatte sie täglich Leben und Tod in der Hand. Diese Position ermöglichte es ihr, einen fast gottgleichen Einfluss auf ihre Patienten auszuüben. Die Fähigkeit, zu bestimmen, ob ein Patient lebte oder starb, könnte ihr ein perverses Gefühl der Kontrolle über ihre chaotische innere Welt vermittelt haben. Dieser Wunsch nach Dominanz über Leben und Tod deckt sich mit Merkmalen, die oft bei Serienmördern im medizinischen Umfeld beobachtet werden, die sich selbst als Schicksalsrichter sehen.

Das Zusammenspiel von Geisteskrankheit und kriminellem Verhalten in Wettlaufers Fall bietet einen Rahmen für das Verständnis der Ursachen ihrer Handlungen. Eine Geisteskrankheit allein macht niemanden zum Mörder, aber in Kombination mit spezifischen Umwelt- und psychologischen Stressfaktoren kann sie zu gewalttätigem Verhalten beitragen. Eine Borderline-Persönlichkeitsstörung,

Depression und Drogenmissbrauch führten zu einer perfekten Mischung, die ihre Unfähigkeit, mit Emotionen und Impulsen umzugehen, noch verstärkte.

Wahrscheinlich hätte Wettlaufer noch jahrelang weiter unerkannt morden können. Der Grund für ihre Überführung war schließlich sie selbst: Sie lieferte sich in eine psychiatrische Klinik ein. Als sie die Gründe für ihren Aufenthalt dort erklärte, gestand sie dem schockierten Klinikpersonal, acht Menschen getötet zu haben.

Der Direktor der Klinik rief die Polizei, und Wettlaufer wurde am 24. Oktober 2016 verhaftet. Der Fall wurde vor Gericht verhandelt und am 1. Juni 2017 bekannte sich Wettlaufer schuldig. Die Geschworenen verurteilten sie zu acht lebenslangen Haftstrafen. Während des Prozesses wurde sie nach ihrem Motiv gefragt. Völlig emotionslos berichtete sie von ihrem Patienten James Silcox, der nach der tödlichen Injektion starb, während sie ihn bei seinem Todeskampf anstarrte. Sie sagte: „Ich hatte das Gefühl, dass seine Zeit gekommen war."

10

Die Todes-Spritzerin

Ein strahlend-weißer Kittel, ein gewinnendes Lächeln und ein sanfter Gang durch die endlosen Gänge der Berliner Charité konnten nicht über die dunklen Absichten einer skrupellosen Frau hinwegtäuschen. Die Patienten dort hofften in der Kardiologie auf Hilfe – und trafen auf den Tod.

Irene Becker war eine der beliebtesten Krankenschwestern auf der Station. „Sie weiß immer genau, was wir brauchen“, schwärmten ihre Patienten.

Doch hinter der fürsorglichen Fassade verbarg sich ein Monster.

Im Jahr 2005 machte Irene Becker eine ihrer Routine-Runden. Sie betrat eines der Patientenzimmer und fand einen Mann vor, der sich über das Essen beschwerte. Becker sagte später aus, dass er geschrien und sich ihr gegenüber "unhöflich" verhalten habe. Sie habe lediglich versucht, ihn zu beruhigen. Sie habe alles versucht, aber nichts habe funktioniert. Er habe sogar versucht, sie zu schlagen. Also traf sie eine drastische Entscheidung: Sie gab ihm eine tödliche Injektion, und der Mann starb sofort. Irene tötete ihn, weil er sich einfach nicht beruhigen wollte.

Der Mord hinterließ keine Spuren und sie behauptete, er sei eines natürlichen Todes gestorben. Niemand zweifelte an ihren Worten. Sie war eine erfahrene Krankenschwester mit 35 Dienstjahren. Immer professionell, immer zuverlässig. Sie hatte freien Zugang zu allen Arten von Medikamenten und es gab keinerlei Kontrolle darüber, was den Patienten in welcher Dosis verabreicht wurde.

Jahre später, als sie verhaftet wurde, änderte sie vor Gericht mehrfach ihre Geschichte und behauptete, der Mann habe sie angefleht, sein Leiden zu beenden. Sie habe nur denen Sterbehilfe geleistet, die dies verlangten. Sie sei überzeugt gewesen, das Richtige zu tun. Zu ihrer Verteidigung erwähnte sie einen Fall, bei dem der Ehemann des Opfers im Zimmer war. Er war Zeuge, als die Krankenschwester der Frau die tödliche Injektion verabreichte. Irenes Schilderung zufolge litt die Frau an einer tödlichen Krankheit und hatte ihren Ehemann gebeten, ihr beim Sterben zu helfen.

Die Frau war 48 Jahre alt und wollte zu Hause sterben. Sie hatte der Krankenschwester angeblich gesagt, dass sie es leid sei, allein im Krankenhaus zu sein und so viele aggressive Behandlungen über sich ergehen zu lassen. Die Patientin sagte, ihre Familie würde ihr nicht zuhören. Also bot Irene Becker an, der Frau bei der Erfüllung ihres letzten Willens zu helfen. Eines Tages, als der Ehemann der Patientin sie besuchte, ging Irene mit einer vorbereiteten Spritze in das Zimmer. Es handelte sich um eine höhere Dosis eines Medikaments gegen Bluthochdruck, das die Patientin jeden Tag bekam. Die "Todspritzerin" betrat das Zimmer und injizierte der Patientin die Überdosis, ohne sie oder den Ehemann zu fragen. Wenige Minuten später starb die Frau.

Laut Aussage des Ehemanns hatte sie alles vorbereitet und ihn als Zeugen benutzt, damit man sie nicht des Mordes beschuldigen konnte. Er sagte, wenn er gewusst hätte, was in der Spritze war, hätte er der Krankenschwester die Hand weggeschlagen.

Zwischen 2005 und 2006 tötete sie fünf Menschen und versuchte, drei weitere zu töten, während sie in der Charité in Berlin arbeitete. Sie tötete nicht, um Patienten zu helfen, in Würde zu sterben oder ihr Leiden zu beenden. Was sie tat, hatte nichts mit Sterbehilfe zu tun, da ihre Opfer keine todkranken oder älteren Menschen waren. Einmal verabreichte sie einem Patienten eine tödliche Injektion, während die Ärzte eine Herz-Lungen-Wiederbelebung durchführten. Offensichtlich handelte es sich hierbei nicht um Sterbehilfe, da der Patient bewusstlos war und das medizinische Team versuchte, ihn am Leben zu erhalten. Dieser Fall wurde als unwiderlegbarer Beweis für die kriminellen Absichten der Krankenschwester angeführt.

Beckers Vorgehensweise war kalkuliert und kaltblütig, wobei sie ihr umfangreiches medizinisches Wissen nutzte, um ihre Verbrechen zu begehen. Als Krankenschwester hatte sie Zugang zu einer Vielzahl von Medikamenten und kannte deren Wirkung auf den menschlichen Körper. Dieses Fachwissen ermöglichte es ihr, auf subtile Weise tödliche Dosen von Medikamenten zu verabreichen und sicherzustellen, dass der Tod natürlich oder auf bereits bestehende Erkrankungen zurückzuführen schien. Ihren Opfern wurden oft Medikamente verabreicht, die sich leicht als Teil der regulären Behandlung tarnen ließen, was es selbst für erfahrene Mediziner schwierig machte, die Verbrechen aufzudecken.

Im Gegensatz zu vielen Krankenschwestern, die ähnliche Verbrechen aus finanziellen Gründen begingen – wie z. B. den Zugriff auf die Bankkonten der Opfer oder den Profit aus ihrem Tod durch Erbschaft – waren Beckers Motive verstörender. Sie schien von dem perversen Wunsch getrieben zu sein, Gott über Leben und Tod zu spielen. Bei ihren Handlungen ging es weniger um persönliche Bereicherung als vielmehr um die Befriedigung eines finsteren Zwangs, was sie zu einer

Ausnahmeerscheinung in den psychologischen Profilen von Serienmördern im Gesundheitswesen macht. Im Gegensatz zu Elizabeth Wettlaufer, von deren dunklen Machenschaften wir im vorherigen Kapitel erfahren haben, hatte Becker nicht das Gefühl, eine Mission zu erfüllen. Stattdessen wollte sie nur die perverse Macht spüren, über Leben und Tod einer Person entscheiden zu können.

Ein Fall betraf eine ältere Frau namens Edith, die an schwerer Demenz litt. Ediths Zustand verschlechterte sich täglich und machte sie zu einem leichten Opfer. Becker verabreichte tödliche Dosen von Medikamenten unter dem Deckmantel der Routineversorgung. Sie wusste, dass Edith unfähig war zu kommunizieren und jemandem von Beckers dunklen Machenschaften zu erzählen. Ediths Geschichte ist nur eine von vielen, die alle die akribische Planung und Ausführung veranschaulichen, mit der Becker ihre Opfer auswählte.

Ein anderes Opfer war Harold, ein älterer Mann mit chronischer Herzkrankheit. Harolds Abhängigkeit von seinen Pflegekräften bei der täglichen Medikamenteneinnahme machte ihn zu einem idealen Ziel. Becker nutzte auch hier ihre Chance und verabreichte ihm täglich tödliche Dosen, die unbemerkt blieben, bis es zu spät war und auch Harold starb.

Es war nicht so, dass niemand Verdacht schöpfte: Kollegen beobachteten, dass Becker oft mit ihren Patienten alleine war, die später unerwartet starben. Noch besorgniserregender waren die hohen Sterberaten während ihrer Schichten, die eigentlich eine sofortige Untersuchung hätten veranlassen müssen. Stattdessen wurden diese Anomalien als Zufälle abgetan oder auf die Vorerkrankungen der Patienten zurückgeführt. Hätten nur ein oder zwei Kollegen ihre Bedenken deutlicher geäußert, hätten vielleicht weitere Opfer vermieden werden können.

Irene Becker wurde schließlich im Oktober 2006 in ihrer Wohnung in Berlin-Reinickendorf verhaftet. Die lebenslange Haftstrafe, zu der sie am 29. Juni 2007 verurteilt wurde, erhielt sie für fünf Morde. Dennoch ist es unmöglich zu wissen, wie viele Menschen tatsächlich ihren tödlichen Injektionen zum Opfer fielen. Der Tod vieler Patienten wurde als natürliche Todesursache registriert, aber sie könnten auch auf Beckers Konto gehen.

Das Gericht befasste sich mit acht Fällen, von denen fünf zum Tod der Opfer führten. Laut Staatsanwaltschaft war die Täterin von einem zwanghaften Machthunger getrieben, den sie verspürte, wenn sie anderen Menschen das Leben nahm. Becker wurde nach ihren Absichten gefragt. Sie sagte, dass sie ihre Handlungen nie als Verbrechen angesehen habe.

Bei ihrer Aussage sagte sie einmal, dass sie es nicht getan hätte, wenn sie gewusst hätte, dass sie für ihre Handlungen ins Gefängnis kommen könnte, aber nicht, weil sie glaubte, dass die Taten falsch waren. Dann erklärte sie, dass sich in einem Moment ihres Lebens etwas in ihrem Kopf verändert habe. Sie hatte zu viele Menschen sterben sehen, zu viel Leid, und sie konnte damit nicht umgehen. Dann wurde bekannt, dass sie eine persönliche Geschichte hatte, die sich auf ihre psychische Gesundheit ausgewirkt haben könnte: Ihr Vater war auf der Intensivstation der Paul-Gerhardt-Stiftung gestorben, als Irene Becker 12 Jahre alt war. Das war der Grund, warum sie Krankenschwester werden wollte. Als sie dann in ihren Dreißigern war, starb auch ihre Mutter, während sie von einer Krankenschwester in ihrem eigenen Zuhause gepflegt wurde. Becker hatte das Gefühl, dass die Würde ihrer Eltern nicht respektiert wurde. Vielleicht waren ihre Verbrechen eine Möglichkeit, sich für ihre Verluste zu rächen, oder vielleicht war sie tatsächlich davon überzeugt, dass sie gut zu ihren Opfern war. Die traurige Wahrheit ist, dass weder die Opfer noch die Familien eine Wahl hatten.

Die Verteidigung versuchte zu beweisen, dass es sich bei den fünf Todesfällen nur bei dreien um Mord handelte und die anderen beiden Totschlag darstellten. Ein unglücklicher Fehler bei der Medikation hätte zum Tod von Patienten geführt, die sich in einem sehr schlechten Zustand befanden. Das Gericht akzeptierte das Argument der Verteidigung, aber es hatte keinen Einfluss auf das Urteil.

Der Fall war in Deutschland ohne Präzedenz und erregte massive öffentliche Aufmerksamkeit. Die Krankenschwester wurde mehrmals während des Prozesses und einmal im Gefängnis von den Medien befragt. In einem der Interviews sagte Becker, sie bereue nichts von dem, was sie getan habe. Sie habe die Menschen von ihrem Leiden erlöst und habe getan, was sonst niemand tun wollte. Schockiert zeigte sie sich vor allem über den Namen, den die Medien ihr gaben: "Schwester Tod".

11

Der Mörder im Karibik-Paradies

Natalee Holloway lebte im wohlhabenden Vorort Mountain Brook in Alabama in den Vereinigten Staaten. Sie war hübsch, klug und eine der Klassenbesten in ihrer Klasse mit 124 Schülern. Natalee war unter ihren Mitschülern äußerst beliebt und hatte unzählige Freunde. Alles war bereit, damit sie im nächsten Jahr die University of Alabama besuchen konnte. Als Belohnung für ihren Fleiß sollte sie mit Schulfreunden nach Oranjestad auf der Karibikinsel Aruba reisen. Die Klassenfahrt sollte ein Geschenk sein, ein unvergessliches Erlebnis. Stattdessen wurde die Tour zu einer Reise ohne Widerkehr.

Natalee und ihre Gruppe von Freunden kamen im Mai 2005 auf Aruba an. Tagsüber verbrachten sie die Zeit am Strand, abends gingen sie in Bars und auf Partys. Natalee war sehr kontaktfreudig und lernte Jungs aus verschiedenen Ländern kennen. Es wurde getrunken, viel gelacht und auch ein bisschen leichtsinnig gehandelt. Die Nacht des 30. Mai war die letzte Nacht der Reise. Am nächsten Tag sollte Natalee das Flugzeug nehmen, das sie zurück nach Alabama bringen sollte, aber sie würde niemals am Flughafen auftauchen. An diesem schicksalshaften Abend waren Natalee und ihre Freunde bereit, sich gebührend von Aruba zu verabschieden. Also gingen sie in den Club "Carlos'n Charlie's" und verbrachten die Nacht tanzend mit einer Gruppe einheimischer Jungs. Einer der Jungs war Joran van der Sloot.

Spät in dieser Nacht wurde Natalee zum letzten Mal in einem grauen Honda mit einigen der Jungs gesichtet, darunter van der Sloot, der zu diesem Zeitpunkt 17 Jahre alt war. Das war das letzte Mal, dass Natalee lebend gesehen wurde. Am nächsten Tag machten sich ihre Freunde Sorgen, als das Mädchen nicht im Hotel auftauchte, obwohl es höchste Zeit war, zum Flughafen zu fahren. Die sieben Aufsichtspersonen, die mit der Schülergruppe zusammen waren, versammelten sich in der Hotellobby und waren sich sicher, dass etwas nicht stimmte. Natalee war sehr zuverlässig und würde den Flug niemals verpassen. Natalee wurde als vermisst gemeldet und die Suche nach dem Mädchen begann.

Die örtlichen Behörden informierten Natalees Eltern über das Verschwinden ihrer Tochter. Alle Personen, die sich an diesem Abend im "Carlos'n Charlie's" aufgehalten hatten, wurden verhört, einschließlich van der Sloot. Bei dieser ersten Gelegenheit erzählte van der Sloot der Polizei, dass er Natalee nach einer Fahrt in dem Honda zu ihrem Hotel begleitet habe. Später wurde jedoch bewiesen, dass Natalee weder an diesem Abend noch am nächsten Morgen das Hotel erreichte. Van der Sloot wurde zum Hauptverdächtigen.

Einige Tage nach Natalees Verschwinden wurden van der Sloot und die Brüder Deepak und Satish

Kalpoe verhaftet. Sie waren die Jungs in dem Honda, in dem Natalee zum letzten Mal gesehen wurde. Dennoch konnte die Polizei keine Beweise finden, um sie wegen eines Verbrechens anzuklagen. Natalee war einfach verschwunden. Es gab keine Leiche, also konnte niemand wegen Mordes angeklagt werden, und es gab keine Zeugen dafür, was mit der Gruppe im Honda geschah, nachdem sie die Bar verlassen hatten.

Alles, was die Polizei hatte, war das Vorstrafenregister von van der Sloot. Er hatte Drogen in die Getränke von weiblichen Touristen gemischt und sie dann sexuell missbraucht. Das allein war aber kein Beweis, dass er etwas mit dem Verschwinden von Natalee zu tun hatte. Also wurden die drei Verdächtigen freigelassen. Van der Sloots Stiefvater spielte eine Schlüsselrolle bei seiner Freilassung, weil er ein einflussreicher Anwalt auf der Insel war. Trotz seiner Vorstrafen und obwohl er einer der letzten Menschen war, die Natalee lebend gesehen hatten, ließ die Polizei van der Sloot gehen. Die örtlichen Behörden setzten eine Belohnung von 20.000 Dollar für jeden aus, der verlässliche Informationen über Natalee liefern konnte, tot oder lebendig.

Die Medienberichterstattung über Natalees Verschwinden war schonungslos. Große amerikanische Sender wie *Fox*, *CNN* und *MSNBC* brachten den Fall in den Monaten nach ihrem Verschwinden wiederholt in den Nachrichten. Die Gesellschaft von Aruba und die Medien drängten die örtlichen Behörden, in dem Fall endlich Fortschritte zu erzielen. Dann wurde van der Sloot 2007 erneut verhaftet. Dieses Mal begann van der Sloot, seine Version der Ereignisse in der Nacht des 30. Mai zu ändern. Er erfand verschiedene Geschichten und brachte unterschiedliche Hypothesen darüber vor, was mit der jungen Frau geschehen war. Eine der Geschichten besagte, dass Natalee betrunken oder unter Drogen gesetzt war und von einem Balkon gefallen war. Dennoch konnte er nicht erklären, wo sich ihre Leiche befand. Dann beschuldigte er seinen Stiefvater, sie entführt und sexuell missbraucht zu haben. Die Sache stank zum Himmel, aber da es weiterhin keine Beweise gegen den Angeklagten gab, hatte die Justiz von Aruba keine andere Wahl, als van der Sloot wieder freizulassen. Die Zeit verging, und ohne nennenswerte Fortschritte wurde der Fall zu einem Cold Case. Natalees Leiche wurde noch immer nicht gefunden.

Es verging viel Zeit, bis die Wahrheit endlich ans Licht kam. Leider forderte dies ein weiteres Opfer. Im Gegensatz zum ungelösten Fall Holloway waren die Beweise gegen van der Sloot im nächsten Mordfall unumstößlich. Überwachungskameras hatten aufgezeichnet, wie er mit einer jungen Frau namens Stephany Flores sein Hotelzimmer in Lima/Peru betrat und es Stunden später alleine verließ. An ihrer Leiche wurden Spuren eines Kampfes entdeckt. Van der Sloot hatte sie sexuell missbraucht und dann umgebracht. Und dieses Mal gestand er den Mord. Die Strafe: 28 Jahre Gefängnis.

Joran van der Sloot setzte seinen unwiderstehlichen Charme ein, um sich den Opfern zu nähern. Obwohl es ihm an echter Reue oder Empathie mangelte, konnte er doch empathische Verhaltensweisen imitieren, um seine dunklen Ziele zu erreichen. Diese scheinbare Empathie ermöglichte es ihm, Bindungen zu jungen Frauen herzustellen, die ihn sonst vielleicht als Bedrohung wahrgenommen hätten.

Van der Sloots Manipulationen führten auch die Strafverfolgungsbehörden in die Irre. Seine Fähigkeit, widersprüchliche Aussagen zu machen und seine

Geschichte im Laufe der Zeit immer wieder zu ändern, führte zu erheblichen Verzögerungen und jeder Menge Verwirrung während der Ermittlungen. Und dann gestand van der Sloot plötzlich doch, auch Natalee Holloway getötet zu haben. War das Geständnis echt oder wollte van der Sloot die Behörden wieder einmal in die Irre führen? Zudem erpresste van der Sloot Natalees Familie. Ihre Mutter gab ihm 25.000 US-Dollar. Er hatte versprochen, ihr Einzelheiten über das Geschehen und Informationen über die sterblichen Überreste ihrer Tochter zu geben. Stattdessen forderte er, nachdem er das Geld erhalten hatte, weitere 225.000 US-Dollar. Letztendlich gab er nie irgendwelche hilfreichen Informationen preis, um Natalees Leiche zu finden.

Zurück zum Fall Stephany Flores: Fünf Jahre nach Natalees Verschwinden brachte Joran van der Sloot die junge Frau um, doch dieses Mal sammelten die Behörden genügend Beweise, um ihn des Verbrechens anzuklagen. Er befand sich zu diesem Zeitpunkt in Lima, Peru, wo er Stephany Flores kennengelernt hatte. Die 21-jährige Frau war Studentin und hatte sich mit van der Sloot angefreundet. Sie gingen in sein Hotelzimmer, wo sie später tot aufgefunden wurde. Er hatte sie missbraucht, dann zu Tode geprügelt, ihr Geld und ihre Kreditkarten gestohlen und war geflohen. Er hatte Zeit, die Grenze nach Chile zu überqueren, bevor die Polizei die Grenzbeamten alarmierte. Dennoch konnte van der Sloot dieses Mal seine Tricks nicht anwenden, um zu entkommen. Eine koordinierte Aktion zwischen den peruanischen und chilenischen Behörden ermöglichte es ihnen, ihn zu verhaften.

Nach seiner Festnahme wurde van der Sloot an Peru ausgeliefert, um sich für sein abscheuliches Verbrechen vor Gericht zu verantworten. In Peru schreibt das Rechtssystem vor, dass Angeklagte eine formelle Erklärung vor einem Richter abgeben müssen. Das ist ein Verfahren, das sich deutlich von denen in vielen anderen Rechtssystemen unterscheidet. Diese Anforderung bedeutete, dass van der Sloot keine andere Wahl hatte, als sich am 21. Juni 2010 den direkten Fragen von Richter Carlos Morales Chacón zu stellen. Ausweichende Antworten oder Schweigen würden seine Verteidigung schwächen und ihm in dem Verfahren zur Last gelegt werden.

Die Anklage baute einen starken Fall gegen van der Sloot auf und präsentierte eine Fülle von Beweisen, die vom Tatort und aus verschiedenen Zeugenaussagen stammten. Zu den wichtigsten Beweisstücken gehörte das Filmmaterial der Sicherheitskamera aus dem Hotel, in dem Flores ermordet wurde. Es zeigte, wie sie das Zimmer von van der Sloot betrat, es aber nie lebend verließ. Die Ermittler beschlagnahmten auch van der Sloots Laptop. Darüber hinaus sagten forensische Experten über die brutale Natur des Verbrechens aus und gaben Einblicke in die unfassbaren Verletzungen, die Stephany Flores erlitten hatte, darunter schwere Nackenverletzungen, die auf Strangulation und stumpfe Gewalteinwirkung zurückzuführen waren.

Der Prozess war jedoch nicht ohne Herausforderungen. Es gab Zuständigkeitsprobleme aufgrund der früheren mutmaßlichen Beteiligung van der Sloots an Verbrechen außerhalb Perus, insbesondere im Zusammenhang mit dem ungelösten Fall Natalee Holloway. Er gestand schließlich beide Verbrechen und versuchte offenbar, dadurch eine Strafminderung zu erwirken. Seiner letzten Version zufolge nahm er Natalee mit an den Strand und versuchte, sie dort zu missbrauchen. Das Mädchen wehrte sich gegen den Angriff, und er überwältigte sie im Sand. Er schlug so lange auf sie ein, bis sie sich nicht mehr bewegte, sodass er annahm, sie sei tot. Er schleppte Natalees Leiche zum Meer und ließ sie von den Fluten wegspülen.

Van der Sloot erklärte auch das Verbrechen an Stephanie. Er sagte der Jury, sie habe einige "sensible" Dateien auf seinem Computer gefunden, die mit Natalee zu tun hatten. Daraufhin habe sie nach Natalee gefragt und was mit ihr passiert sei. Er sagte Stephanie, dass er der Hauptverdächtige in dem Fall sei, und das habe sie erschreckt. Sie begann, auf ihn einzuschlagen, und er habe sich nur gewehrt. Er habe sie dann auf den Boden gedrückt, seinen Ellbogen auf ihre Kehle gepresst und sie etwa eine Minute lang gewürgt. Schließlich habe er sie erstickt, indem er ihr ein T-Shirt über den Kopf gezogen habe. Er erwähnte keine Schläge, obwohl Stephanys Körper Anzeichen für unzählige davon aufwies.

Im Januar 2012 wurde van der Sloot für schuldig befunden, Stephany getötet zu haben, und zu 28 Jahren Gefängnis verurteilt. Im Juni 2023 wurde er an die Vereinigten Staaten ausgeliefert und dort angeklagt;

nicht wegen Natalees Verbrechen, sondern wegen Erpressung der Familie des Opfers. Die Strafe von 20 Jahren läuft parallel zur peruanischen. Natalees Leiche wurde nie gefunden und sie wurde 2012, wenige Tage vor dem Prozess gegen ihren Mörder, rechtskräftig für tot erklärt. Van der Sloot wurde nie für den Mord an Natalee verurteilt und wird auch nie dafür verurteilt werden. Die Verjährungsfrist für Mord beträgt auf Aruba 12 Jahre, und diese Zeit ist verstrichen.

Van der Sloot zeigte keinerlei Anzeichen von Reue, als er das Urteil durch einen Übersetzer vernahm, weil er kein Spanisch verstand. Dennoch sagte er am Ende des Prozesses, er wolle sich bei Natalees Familie entschuldigen. Er sagte: „Ich bin heute nicht mehr derselbe Mensch wie damals. Ich habe mein Herz Jesus Christus gegeben."

12

Das Monster von Löwen

Die Party war noch lange nicht vorbei und sie hatte jede Menge Spaß, aber plötzlich wurde der Belgierin Annick van Uytsel ein wenig übel. Ihre Freunde boten ihr an, sie nach Hause zu fahren, aber Annick hatte ihr Fahrrad dabei und wollte lieber nach Hause radeln. Sie war nur ein paar Blocks von ihrem Haus entfernt und Diest in Belgien war eine ruhige Stadt. Sie versprach, ihren Freunden eine SMS zu schreiben, sobald sie zu Hause war. Doch Annick irrte sich: Diest und die umliegenden Städte waren nicht mehr sicher. Ein Killer lauerte in der Dunkelheit, ein grausamer Serienmörder: das „Monster von Löwen".

Es war am frühen Morgen des 28. April 2007, als Annick beschloss, die Uni-Party früher als die anderen zu verlassen. Sie schwang sich also auf ihr Fahrrad und fuhr los, in der Hoffnung, in wenigen Minuten in ihrem Bett zu liegen. Doch dann kam ihr auf der kurzen Strecke ein Fahrzeug entgegen. Lichter blendeten sie, und dann fuhr das Auto sie an. Annick stürzte vom Fahrrad. Unter Schock schaute sie hoch zu dem Fahrer und war erleichtert, als sie sah, dass es sich bei dem Mann um ihren Lehrer Ronald Janssen handelte. Der Lehrer aus dem belgischen Herk-De-Stad war bei seinen Schülern extrem beliebt, weil er immer cool und entspannt rüberkam. Annick dachte im ersten Moment, es sei ein Unfall gewesen und Janssen würde ihr helfen und einen Krankenwagen rufen. Stattdessen stürzte sich Janssen auf das Mädchen. Er überwältigte Annick, fesselte ihre Hände mit einem Seil und klebte ihr den Mund mit Klebeband zu. Dann zückte er ein Messer und zwang sie, in sein Auto einzusteigen.

Das Ziel der Fahrt war sein Haus, wo er Annick befahl, auszusteigen. Dann brachte er sie in den Keller. Dort hielt er die 18-jährige Schülerin die ganze Nacht fest, folterte sie und vergewaltigte sie mehrmals. Dann schlug er sie brutal mit einem Hammer und stach mit dem Messer auf sie ein. Die Autopsie würde später ergeben, dass sie wahrscheinlich durch "Schläge mit einem stumpfen Gegenstand" starb. Nach der Tat packte der Lehrer die Leiche des Mädchens, schleifte sie zu einem Kanal und entsorgte sie im Wasser. Er kehrte dann seelenruhig nach Hause zurück und reinigte akribisch den Keller und sein Auto, um alle Blut- und DNA-Spuren zu beseitigen, die ihn belasten könnten.

Annicks Freunde waren unterdessen besorgt, als sie ihr Versprechen nicht einhielt, sich zu melden, sobald sie zu Hause angekommen war. Annicks Eltern meldeten sie an diesem Morgen als vermisst und die Suche nach dem Mädchen begann sofort. Ein Team von 70 Polizeibeamten und 200 Freiwilligen aus Diest und den umliegenden Orten durchkämmte die Stadt und die Umgebung, konnte aber weder von Annick noch von ihrem Fahrrad eine Spur finden.

Polizeitaucher fanden Annicks Leiche schließlich am 3. Mai in der Nähe der Stadt Lummen im Wasser. Janssen hatte ihr 15 kg schwere Steine um den Hals gehängt, um die Leiche auf dem Grund zu versenken. Auf dass ihr Körper niemals wieder auftauchen würde. Annicks Fahrrad wurde einige Zeit später gefunden, einige Kilometer entfernt in dem Örtchen Löwen. Janssen hatte es zunächst bemalt, um es zu tarnen, es aber schließlich weggeworfen.

Die Polizei fand Annicks Handy, das während der Entführung eingeschaltet blieb. So konnten die Beamten den Aktionsradius des Mörders eingrenzen. Janssens Name stand jedoch nie auf der Liste der Verdächtigen. Die Behörden befragten über 4.000 Personen, die des Verbrechens verdächtigt wurden oder vielleicht etwas über die Geschehnisse in dieser Nacht wussten.

Ronald Janssen war Lehrer an der Herk-De-Stad-Schule, wo er technisches Zeichnen unterrichtete. Immer freundlich, immer locker im Umgang mit seinen Schülern. In seinem geheimen Leben aber war er ein Meister der Täuschung. Tagsüber schien er ein engagierter und beliebter Lehrer zu sein, der sich sehr für den Erfolg und das Wohlergehen seiner Schüler einsetzte. Im Klassenzimmer wuchs Janssen über sich hinaus und blieb oft länger, um Schülern zu helfen, die

Probleme mit dem Unterrichtsstoff hatten. So wurde Janssen schnell zu einem der beliebtesten Lehrer der Schule. Die Schüler mochten seinen Unterricht und fühlten sich wohl dabei, sich mit ihren Problemen an ihn zu wenden. Dieses sorgfältig gepflegte Image ermöglichte es ihm, das Monster, das sich hinter der Fassade versteckte, im Verborgenen zu halten.

Die Fassade, die Janssen schuf, war für seine Mitmenschen undurchdringlich. Seine Kollegen hatten Schwierigkeiten, etwas anderes als das Beste über ihn zu glauben. Sie lobten oft seine Bereitschaft zur Zusammenarbeit und seine beständige Fähigkeit, mit seinen Schülern hervorragende Ergebnisse zu erzielen. Sogar die Eltern schätzten sein Engagement; viele betonten, wie glücklich sie sich schätzten, einen so leidenschaftlichen Lehrer für ihre Kinder zu haben. Seine Mutter sprach von ihrem „Ronny" als einem fürsorglichen und liebevollen Sohn. Selbst seine Ex-Frau sagte, Janssen habe nie Anzeichen von Gewalt gezeigt und sei ein außergewöhnlicher Vater für ihre beiden Töchter gewesen.

Der Kontrast zwischen seiner öffentlichen Person und seinen perversen Handlungen hätte jedoch nicht größer sein können. Hinter verschlossenen Türen hegte Ronald Janssen dunkle Neigungen, die erst ans Licht kamen, nachdem seine schockierenden Verbrechen aufgedeckt wurden. Zunächst wies nichts auf den freundlichen Lehrer hin. Nach Annicks Verbrechen griff er eine Weile nicht wieder an. Aber das Monster schlief nur. Am Neujahrstag 2010 erwachte es wieder.

Die 18-jährige Studentin Shana Appeltans und ihr Verlobter, der 22-jährige Kevin Paulus, verbrachten den Tag in einem örtlichen Café. Auf dem Heimweg wurden sie von Janssen in seinem Auto gestoppt. Shana wohnte direkt neben ihm und war eine der wenigen, die ihn nicht mochten. Sie fand, dass irgendetwas mit ihm ganz und gar nicht stimmte. Als Shana und Kevin nach Hause fuhren, trafen sie Janssen an einer Ecke in der Nähe seines Hauses. Kevin trat auf die Bremse und konnte einen Zusammenstoß gerade noch verhindern. Plötzlich schrie Janssen die beiden an und beschuldigte sie, ihn umfahren zu wollen. Doch Kevin und Shana ließen sich nicht einschüchtern und nannten ihn ein „dummes Schwein“.

Das wollte Janssen nicht auf sich sitzen lassen. Er ging in sein Haus und nahm sein Gewehr. Dann lief er rüber zu Shanas Haus, wo das junge Paar mittlerweile angekommen war. Er klopfte an die Tür und als das Mädchen öffnete, richtete er das Gewehr auf Shana. Janssen schrie ins Haus, Kevin, die feige Sau, solle sich gefälligst zeigen.

Kevin und Shana entschuldigten sich und flehten ihn an, ihnen nichts zu tun, aber es war zu spät. Janssen zwang sie, das Haus zu verlassen und in sein Auto einzusteigen. Er fuhr in eine abgelegene Gegend. Dort befahl er Kevin, sich hinzuknien, und schoss ihm vor Shanas Augen in den Kopf. Eine eiskalte Exekution. Doch das reichte Janssen noch nicht. Dann stieg er in sein Auto und fuhr mehrmals über Kevins Leiche. Immer wieder vor und zurück. Nun wandte er sich an Shana, die vor Angst erstarrt war. Sie flehte ihn an, sie gehen zu lassen, versprach, alles zu tun, was er verlangte und niemandem von dem Vorfall zu erzählen. Ganz ruhig sagte Janssen: "Natürlich lasse ich dich gehen, mein Engel." Dann schlug er auf sie ein, vergewaltigte sie und schoss dann viermal. Janssen legte Kevins Leiche in den Kofferraum seines Wagens und Shana auf den Rücksitz. Dann übergoss er das gesamte Fahrzeug mit Benzin, setzte es in Brand und ging nach Hause, als wäre nichts geschehen.

Janssen kam um 4 Uhr morgens zu Hause an. Er zog seine mit dem Blut seiner Schüler getränkten Klamotten aus und verbrannte sie auf seiner Terrasse. Dann duschte er, um die Beweise zu beseitigen. Am Montag ging er dann wie gewohnt zur Arbeit in die Schule. Mittlerweile hatte die Polizei die verkohlten Leichen von Shana und Kevin gefunden. Alle in der Schule waren schockiert von der grausigen Tat. Auch Janssen zeigte sich betroffen und bot seinen Schülern Hilfe und Trost an. Die Opfer waren schließlich seine Nachbarn; daher gab er vor, am Boden zerstört zu sein. Für seine ahnungslosen Schüler und Kollegen wirkte er wieder einmal wie der einfühlsame, hilfsbereite Lehrer, den alle so sehr mochten.

Obwohl Janssen alle Beweise sorgfältig vernichtet und sein freundliches öffentliches Image bewahrt hatte, konnte er es dieses Mal nicht vermeiden, verhört zu werden. Er war der Nachbar der Opfer und Kevins Auto stand bei Shana, sodass es offensichtlich war, dass das Paar aus dem Haus entführt wurde. Die Nachbarn waren wichtige Zeugen. Daher stellte die Polizei auch Janssen eine Reihe von Fragen und seine Geschichte war weder konsistent noch überzeugend.

Schließlich wurde Janssen am 4. Januar 2010 als Verdächtiger verhaftet. Kurz darauf sagte er, er wolle gestehen. Im Laufe der Ermittlungen zu Janssens Verbrechen wurde deutlich, dass er möglicherweise in mehrere andere ungelöste Fälle verwickelt war. Die Ermittler begannen, ihn mit mindestens fünfzehn weiteren Morden in Verbindung zu bringen, bei denen es sich hauptsächlich um Vergewaltigungen und Morde an jungen Frauen handelte. Schließlich gab er zu, Shana, Kevin und Annick getötet zu haben. Er gestand auch die Tat an einer vierten jungen Frau in Bütgenbach. Er sagte, er habe ihre Leiche in den See geworfen, aber sie wurde nie gefunden.

Nach seinem Geständnis wurde deutlich: Der Mann hatte schon Anfang der 1990er Jahre mit dem Töten begonnen. Obwohl er behauptete, sich nicht an bestimmte Namen oder Daten zu erinnern, ließen seine detaillierten Beschreibungen der Verbrechen kaum Zweifel an seiner Beteiligung aufkommen. Zu den mutmaßlichen Opfern gehörten zwei 24-jährige Mädchen von der Universität Löwen, die beide erstochen wurden, während Janssen in den 1990er Jahren dort studierte.

Während des Prozesses wurde die Fassade der Unschuld, die Janssen aufgebaut hatte, durch forensische Beweise zerstört. An Annicks Leiche wurden DNA-Spuren gefunden, die als eindeutiger Beweis gegen Janssen galten. Er konnte nur für drei Verbrechen angeklagt werden, obwohl dem Monster von Löwen noch viele weitere zur Last gelegt wurden.

Janssens Mutter, Anita Kasarda, sagte während des Prozesses aus und beschrieb ihren Sohn als „ein gutes Kind, das Menschen immer half“ und als jemanden, der „weglaufen würde, bevor es zu einem Kampf komme“.

Janssen versuchte, seine Handlungen zu rechtfertigen. Er behauptete, dass seine Morde in Momenten des Wahnsinns geschahen, und stellte sich selbst als Opfer unkontrollierbarer Triebe dar, anstatt als vorsätzlicher

Mörder. Er und seine Verteidigung versuchten, die Jury davon zu überzeugen, dass er geisteskrank war. Das psychologische Gutachten beschrieb ihn tatsächlich als Psychopathen und Wahnsinnigen, aber das war kein Grund, sein Strafmaß zu senken.

Nach Anhörung der Zeugenaussagen und der Berichte der psychologischen Gutachter verurteilte das Gericht ihn 2011 zu einer lebenslangen Haftstrafe. Einige Jahre später wurde nachgewiesen, dass er der Mörder von zehn weiteren Opfern war, die zwischen 2001 und 2006 getötet wurden. Für die anderen Frauen, die er vermutlich in den 1990er Jahren getötet hatte, wurde er nie bestraft. Janssen nahm das Urteil mit unerschütterlicher Miene auf: „Ich bin kein Monster. Ich kann einfach nicht anders, als das zu sein, was ich bin. Von Zeit zu Zeit gibt es eine Veränderung in meinem Kopf ... Ich höre auf, ein Mensch zu sein - und werde zum Raubtier ... Aber es ist nicht meine Schuld.“

13

Samueles blutiges Ende

Samuele war ein fröhliches dreijähriges Kind, das mit seinem älteren Bruder, seinem Vater Stefano Lorenzi und seiner Mutter Annamaria Franzoni zusammenlebte. Die Familie lebte in einem ruhigen Dorf in den Grajischen Alpen im italienischen Aostatal.

An jenem Abend des 29. Januar 2002 schneite es draußen in dem kleinen Ort Cogne. Drinnen in einer Hütte im Wald war es warm und friedlich. Samueles Bruder ging früh schlafen, weil er am nächsten Tag zur Schule musste. Samuele wollte stattdessen noch etwas länger spielen. Also stimmten seine Eltern zu, noch etwas länger aufzubleiben.

Mutter Annamaria sang ihm Schlaflieder vor und erzählte ihm eine Gutenachtgeschichte. Dieser idyllische Familienmoment sollte bald durch ein schreckliches Ereignis zerstört werden. Am nächsten Morgen verließ Samueles Vater das Haus um 7:30 Uhr, um zur Arbeit zu gehen. Er gab seiner Frau und seinem Sohn einen Abschiedskuss, ohne etwas Seltsames zu bemerken. Es war einfach ein ganz normaler Morgen.

Annamaria blieb bei den Kindern und brachte den älteren Jungen um 8:15 Uhr zur zwei Minuten entfernten Bushaltestelle. Die Nachbarn sahen sie an diesem Morgen als liebevolle, perfekte Mutter.

Um 8:30 Uhr ging aus dem Franzoni-Haus ein Notruf ein. Es war Annamaria. Unter Tränen berichtete sie, ihrem kleinen Samuele sei etwas zugestoßen. Schluchzend und zitternd stammelte sie ins Telefon: „Mein Sohn hat Blut erbrochen und atmet nicht."

Als das Notfallteam eintraf, fanden sie den kleinen Samuele tot vor. Der Junge lag blutüberströmt im Bett seiner Eltern. Bevor der Krankenwagen eintraf, war der Hausarzt der Familie bereits vor Ort. Sie vermutete, dass der Tod des Jungen gewaltsam herbeigeführt wurde. Er hatte 17 Schläge mit einem stumpfen Gegenstand auf seinen kleinen Kopf erhalten. Annamaria lief schreiend durch das Haus und schrie die Ärzte an, das Leben ihres Sohnes zu retten. Aber das Notfallteam konnte nichts mehr tun.

Als schließlich auch die Polizei eintraf, war das Haus voller Menschen. Vor Ort waren 13 Personen, Nachbarn und Bekannte, die Annamaria helfen wollten. Tatsächlich aber verwischten die vielen Menschen, die durch den Tatort trampelten, wichtige Spuren. Eine wichtige Spur jedoch konnte die Polizei sicherstellen: Annamarias Schlafanzug war voller Blut. Es war Samueles Blut, und die Ermittler stuften sie als erste Verdächtige im Todesfall ihres Sohnes ein.

Was geschah an jenem verhängnisvollen Morgen? Laut Anamarias Version ging sie nur für ein paar Minuten aus dem Haus und fand ihren Sohn bei ihrer Rückkehr tot vor. Waren in der kurzen Zeit Einbrecher in das Haus eingedrungen und hatten dem Jungen etwas angetan?

Für viele Beobachter war die Familie der Schlüssel zu der Tragödie. Einige vermuten, dass es zwischen den Eltern zu einem Streit gekommen sein könnte, als sie ihren Sohn ins Bett brachten. Eine weitere Hypothese rückte die Mutter in den Mittelpunkt. Sie war die Einzige, die mit dem Kind zusammen war, und die Einzige, die ihn lebend gesehen und dann tot aufgefunden hatte. Es gab viele Fragen, die sie nicht beantworten konnte. Die Ermittler vermuteten, dass die Mutter einen plötzlichen Nervenzusammenbruch erlitten hatte, der durch nicht diagnostizierte psychische Probleme verursacht wurde. Ein solcher Zusammenbruch hätte ihre Wahrnehmung der Realität verzerren und zu einer unvorstellbaren Tat gegen ihr eigenes Kind führen können.

Der Tatort wies eindeutige Anzeichen für eine Gewalttat auf. Es gab Spuren eines Kampfes, die darauf hindeuteten, dass das Kind nicht friedlich im Schlaf gestorben war. Dennoch waren die Türen und Fenster nicht aufgebrochen worden, und es konnten keine Waffen gefunden werden. Zeugen hatten gesehen, wie Annamaria mit ihrem älteren Sohn spazieren ging, Samuele war jedoch nicht bei ihnen. Wo war er? Warum sollte sie ein dreijähriges Kind allein lassen? Es stimmt, dass die Bushaltestelle ganz in der Nähe war und sie nur ein paar Minuten brauchte. Annamaria sagte, dass sie das immer so machte, und Samuele an diesem Morgen schlief. Die Nachbarn bestätigten, dass sie Samueles Bruder normalerweise nicht zur Bushaltestelle brachte, da es sehr kalt war und es nur eine kurze Strecke war.

Die Untersuchung fokussierte sich im weiteren Verlauf auf den psychischen Zustand der Eltern, insbesondere der Mutter. Es wurden Amts-Psychologen hinzugezogen, um zu beurteilen, ob sie möglicherweise eine psychotische Episode erlebt hatte, in deren Folge sie nicht wusste, was sie tat und die zu dem tragischen Vorfall geführt haben könnte. Aus Gesprächen mit Familienmitgliedern und Freunden ging hervor, dass die Mutter zwar gelegentlich Anzeichen von Stress und Angst zeigte, es jedoch keine eindeutigen Hinweise auf eine bereits bestehende psychische Erkrankung gab. Dennoch gab der Vater an, dass er um 5:45 Uhr den Hausarzt angerufen hatte, weil es seiner Frau nicht gut ging. Sie zitterte und schwitzte und war völlig außer sich. Der Arzt sagte am Telefon, dass es wahrscheinlich nichts Körperliches sei, sondern dass sie eine Angstkrise durchmachte.

Die Ermittler konzentrierten sich auch auf mögliche Spannungen innerhalb der Ehe. Offenbar gab es immer wieder lautstarke Meinungsverschiedenheiten und Konflikte, die in dieser Nacht eskaliert sein könnten. Zwar sind Streitigkeiten zwischen Paaren nicht ungewöhnlich, doch inwieweit diese Spannungen zu einem so tödlichen Ausgang führen konnten, blieb unklar. Dennoch wurde jeder Aspekt sorgfältig untersucht, um festzustellen, ob ein häuslicher Streit außer Kontrolle geraten und zum tragischen Tod ihres Sohnes geführt haben könnte.

Einige Nachbarn erwähnten, dass sie bei früheren Gelegenheiten laute Stimmen aus dem Haus gehört hatten, während andere das Bild einer eng verbundenen Familie ohne erkennbare Probleme zeichneten. Beide Elternteile erwähnten in ihren Aussagen, dass Stefano um 7:30 Uhr gegangen sei, und die Details der letzten Momente, in denen die ganze Familie mit Samuele am Leben war, stimmten überein. Diese Ermittlungslinie reichte also am Ende nicht weit.

Der Mordfall Cogne wurde zum Mittelpunkt einer umfassenden Medienberichterstattung und öffentlichen Diskussion in ganz Italien. Die Darstellung der trauernden Mutter Annamaria Franzoni war besonders auffällig; sie wurde entweder als herzlose Mörderin oder als leidendes Opfer dargestellt. Von Anfang hieß es in den Schlagzeilen: „Mutter ermordet Kind!“ oder „Cogne: Die Monster-Mutter“. Obwohl zum Zeitpunkt des angeblichen Verbrechens beide Elternteile anwesend waren, wurde der Vater, Stefano Lorenzi, als Verdächtiger fast völlig übersehen.

Am Ende wurde Annamaria Franzoni wegen Mordes an Samuele angeklagt. Forensische Beweise spielten in diesem Fall eine entscheidende Rolle. Nichts davon war jedoch schlüssig genug, um zu klären, was geschehen war. Das Blut, das in Annamarias Pyjama gefunden wurde, sorgte für noch mehr Verwirrung. Sie gab zu, dass ihr Sohn sie mit seinem Blut befleckt hatte, aber nur, weil sie die Kleidung fallen gelassen hatte, als sie nach dem Jungen griff und versuchte, ihn aufzuwecken. Sie erklärte, dass sie verzweifelt war, als sie das Haus betrat und den kleinen Samuele in einer Blutlache fand. Daher konnte sie sich nicht mehr genau daran erinnern, was sie mitgenommen oder wo sie die Gegenstände hingelegt hatte.

Annemarias Verteidiger beantragten, die Beweise für Blut in ihrer Kleidung zu verwerfen. Sie bestanden darauf, dass ein Fremder das Haus betreten habe, während Annamaria an der Bushaltestelle war. Die Hypothese, dass ein Fremder eingebrochen war, war die unwahrscheinlichste, da sie weniger als 15 Minuten Zeit hatten, das Verbrechen zu begehen, während Annamaria an der Bushaltestelle war. Die Fremden hätten sich im Haus perfekt auskennen müssen, um dann direkt zu dem Raum zu gehen, in dem der Junge schlief. Keiner der vielen Zeugen gab an, einen Fremden in der Nachbarschaft gesehen oder irgendetwas anderes Verdächtiges bemerkt zu haben.

Die Mordwaffe wurde nie gefunden, aber die Autopsie ergab, dass sich in Samueles Wunden Kupferspuren befanden. Der Mörder könnte eine Axt, eine Kupferpfanne oder einen Kochtopf verwendet haben. Die Beweise zeigten, dass sich in Samueles kleiner Hand Spuren von Kupfer und Blut befanden. Offenbar versuchte er, sich gegen seinen Angreifer zu verteidigen.

Die Verteidigung argumentierte, dass Annamaria nur 15 Minuten Zeit gehabt hätte, um zum Haus zurückzukehren, den Jungen ohne Grund zu töten, die Mordwaffe zu entsorgen, sich zu waschen, um das Blut von ihrem Körper zu entfernen – und den Krankenwagen zu rufen. Dennoch war sie die einzige Verdächtige, und die Staatsanwälte brachten erneut das Blut in ihrem Pyjama vor, um die Anklage gegen sie zu untermauern. Der forensische Test ergab, dass die Kleidung während des Mordes getragen wurde. Darüber hinaus fanden die Ermittler Annamarias Unterwäsche, die ebenfalls mit dem Blut des Kindes befleckt war. Ein Außenstehender hätte theoretisch Annamarias Pyjama tragen können, als er Samuele tötete, aber nicht ihre Unterwäsche.

In den Prozessphasen kam es auch zu einer heftigen Debatte über Argumente zur Strafmilderung. Zunächst wurde die Strafe der Mutter aufgrund verschiedener Argumente, darunter ihr psychischer Zustand und mögliche Verfahrensfehler bei der Beweiserhebung, gemildert. Dennoch verurteilte der Richter Annamaria Franzoni am 19. Juli 2004 zu 30 Jahren Gefängnis. Der Richter brachte in dem Urteil zum Ausdruck, was möglicherweise geschehen sein könnte:
Es wurde vermutet, dass die Frau, die vielleicht mit

einem Weinanfall von Samuele konfrontiert wurde, ihre Fähigkeit zur Selbstbeherrschung verlor. Dies führte dazu, dass sie das Kind zunächst als eine Form der Bestrafung schlug und dann, überwältigt von ungezügelter Wut, immer mehr mit einem unbekannten Gegenstand auf den Kleinen einschlug, bis dieser regungslos im Bett lag.

Das Urteil war umstritten. Annamaria wurde für schuldig befunden, weil ihre Erklärung der Ereignisse widersprüchlich war und die wenigen Beweise sie die ganze Zeit am Tatort verorteten. Darüber hinaus wurde sie für schuldig befunden, weil es keine andere stichhaltige Hypothese gegen einen anderen Verdächtigen gab. War das Grund genug, eine Frau ins Gefängnis zu schicken?

Über ein Jahr nach der Wiederaufnahme des Verfahrens beantragte die Verteidigung neue psychiatrische Gutachten. Sie sollten beweisen, dass Annamaria an einer psychischen Störung litt, die sie in eine Art Dämmer-Zustand versetzte. Dadurch habe sie gegen ihren Willen gehandelt. Gutachter kamen zu dem Schluss, dass Annamaria tatsächlich geistig beeinträchtigt war. Das Strafmaß wurde daraufhin auf

16 Jahre herabgesetzt. Schließlich wurde sie nach nur acht Jahren Haft freigelassen. Sie hatte immer ihre Unschuld beteuert.

14

Martas Mörder Miguel

„Ja, ich war es. Ich habe sie getötet“, sagte Miguel Carcaño bei seinem Verhör. Dennoch weigerte er sich, Einzelheiten darüber preiszugeben, was er mit ihrer Leiche gemacht hatte. Marta wurde nie gefunden, und die Einzelheiten des Verbrechens sind bis heute ungeklärt.

Marta del Castillo war eine 17-jährige Jugendliche aus Sevilla in Spanien. Am 24. Januar 2009 wartete sie vor ihrem Haus auf Miguel Carcaño, laut ihrer Familie „ein enger Freund“ des Mädchens. Sie hatten ein Treffen vereinbart, um „einige Dinge zu klären“, erklärte Martas Mutter später der Polizei. Carcaño kam um 17:30 Uhr auf seinem Motorrad bei Martas Haus an, und die beiden fuhren los. Das war das letzte Mal, als Marta lebend gesehen wurde. Die Stunden vergingen, und Marta kehrte nicht nach Hause zurück. Ihre Eltern machten sich Sorgen, weil sie sonst immer anrief, wenn sie sich verspätete. Martas Mutter wusste, dass etwas passiert sein musste, als sie zum ersten Mal versuchte, sie auf ihrem Handy zu erreichen, und sie nicht abnahm. Marta hätte niemals einen Anruf ihrer Mutter verpasst.

Daraufhin rief Martas Mutter verzweifelt erst Martas Freunde und dann die Familie von Miguel Carcaño an. Um 23:45 Uhr telefonierte sie schließlich mit Samuel, einem Freund von Miguel. Der Mann sagte, Miguel habe Marta gerade an der Haustür abgesetzt, aber um Mitternacht war Marta immer noch nicht bei ihren Eltern. Die Eltern, einige Verwandte und Freunde begannen, an den Orten, an denen Marta sich normalerweise aufhielt, bei Bekannten und dann überall in der Stadt nach ihr zu suchen.

Nachdem sie mehrere Stunden vergeblich gesucht hatten, ging die Familie zur Polizeiwache und meldete das Mädchen als vermisst. An diesem Morgen und am darauffolgenden Tag erstattete die Familie drei Anzeigen und übergab alle Informationen über Miguel Carcaño, den Mann, mit dem Marta auf dem Motorrad weggebraust war – und dann nie wieder nach Hause kam. Dennoch leitete die Polizei erst 17 Stunden nach der dritten Anzeige die Suche ein. Die Polizei durchkämmte nun die Stadt und die Umgebung von Sevilla.

Am 27. Januar luden Martas Eltern zu einer Pressekonferenz ein, um die Bevölkerung um Informationen über ihre Tochter zu bitten. Die Pressekonferenz hatte große Auswirkungen, half aber nicht bei der Suche nach Marta. Im Gegenteil: Angebliche Zeugen riefen an und gaben an, sie an weit entfernten Orten wie Jerez de la Frontera und Cadiz gesehen zu haben. Die Ermittlungen liefen ins Leere. Auch die Medien stürzten sich auf den Fall. In ganz Spanien war Marta und ihr Verschwinden die Titelgeschichte in den Nachrichten.

In den darauffolgenden Tagen wurden Suchaktionen in einem noch nie dagewesenen Ausmaß gestartet. Freiwillige aus Martas Gemeinde schlossen sich zusammen und bildeten Suchtrupps, die die Umgebung nach Hinweisen auf ihr Verschwinden absuchten. Ihre Bemühungen wurden durch modernere Suchtechnologie ergänzt, darunter die Überwachung mit Drohnen, die riesige Gebiete durchkämmten.

Zudem gab es große, öffentliche Demonstrationen. Als aus Tagen Wochen wurden, wurden diese Demonstrationen größer und lauter. Die Menschen gingen mit Bannern und Fotos von Marta auf die Straße und riefen Parolen, die Gerechtigkeit und die sichere Rückkehr des jungen Mädchens forderten. Der kollektive Aufschrei erschütterte die gesamte Nation und übte Druck auf die Behörden aus, ihre Ermittlungen zu beschleunigen und Ressourcen für die Suche nach Marta bereitzustellen.

Drei Wochen nach Martas Verschwinden nahm die Polizei Miguel Carcaño fest. Bei seiner Vernehmung gestand Carcaño sofort, das Mädchen getötet zu haben. Allerdings gab er unterschiedliche Versionen des Tathergangs an. Seiner ersten Aussage zufolge gingen sie an einen abgelegenen Ort, um zu reden. Sie stritten sich, und er schlug brutal auf sie ein. Solange, bis sie sich nicht mehr bewegte.

Dies war jedoch nur eine von neun Versionen des Verbrechens. Kurz darauf belastete Carcaño, vielleicht auf Anraten seines Verteidigers, andere Personen. Er sagte, Javier García Marín, auch bekannt als El Cuco, sei bei ihnen gewesen. In dieser Version hatten sie versucht, Marta zu missbrauchen. Sie bedrohten sie mit einem Messer, aber sie wehrte sich. Dann habe El Cuco sie mit seinen Händen erwürgt. El Cuco sei also der eigentliche Mörder. Warum lenkte Miguel plötzlich den Verdacht auf seinen Freund? Ganz einfach: El Cuco war erst 15 Jahre alt, während Miguel Carcaño 19 Jahre alt war. El Cuco konnte aufgrund seines jungen Alters nicht wegen Mordes angeklagt werden.

In späteren Aussagen nannte Miguel weitere Männer und eine Frau, die angeblich an dem Verbrechen beteiligt waren. Tage nach Carcaños Verhaftung nahm die Polizei auch sie fest. Es handelte sich um Samuel Benítez Pérez – den Freund von Miguel, den Martas Mutter in der Nacht der Tat angerufen hatte, Francisco Javier Delgado Moreno – Miguels Stiefbruder – und Delgados

Freundin: María García Mendaro.

Die Ermittler konnten jedoch keinem von ihnen eine direkte Beteiligung an der Straftat nachweisen. Dennoch wurde Samuel als Komplize belastet, weil er Martas Mutter belogen hatte, als er behauptete, Carcaño hätte sie in dieser Nacht nach Hause gefahren. Er lenkte die Aufmerksamkeit der Familie und der Polizei ab, behinderte die Ermittlungen und wollte offenbar die Tat vertuschen.

Im Oktober 2011 begann der Prozess. Carcaños Geständnis wurde durch die forensischen Beweise bestätigt, die aus seiner Jacke stammten. Die Tests ergaben, dass sie Martas Blut enthielt. Die Polizei fand auch Gespräche und Chats auf den Handys der anderen Angeklagten, die bewiesen, dass sie, obwohl sie nicht die eigentlichen Mörder waren, in das Verbrechen verwickelt waren.

Nach Anhörung von über 90 Zeugenaussagen, die von der Staatsanwaltschaft und der Verteidigung in den Zeugenstand gerufen wurden, fällten die Geschworenen im Januar 2012 ihr Urteil. Der Mörder Miguel Carcaño wurde zu 21 Jahren Gefängnis verurteilt. Die Familie hatte mit mindestens 50 Jahren gerechnet. El Cuco bekam zweieinhalb Jahre in einer Jugendstrafanstalt, da er noch minderjährig war. Carcaños Versuch, ihn wegen Mordes zu belasten, überzeugte die Jury nicht. Dennoch wurde El Cuco wegen Behinderung der Justiz verurteilt. Da Martas Leiche nicht gefunden wurde, war es unmöglich, Carcaños Aussage zu beweisen, dass El Cuco sie angeblich erwürgt hatte. An seiner Kleidung wurde kein Blut des Opfers gefunden. Die anderen Angeklagten wurden am Ende freigesprochen.

Carcaño weigerte sich zunächst, preiszugeben, wo sich Martas sterbliche Überreste befanden. Dann erfand er verschiedene Versionen darüber, wie er und seine mutmaßlichen Komplizen die Leiche des Mädchens beseitigt hatten. In einer seiner Aussagen gab er an, er habe sie in einen Fluss geworfen. Dann änderte er seine Version und sagte, er und Francisco Delgado hätten sie in einen Müllcontainer geworfen. Martas Vater hingegen vermutete, dass einer der Bekannten des Mörders in einem Krematorium gearbeitet und ihm geholfen haben könnte, ihre Leiche einzuäschern, um alle Spuren zu beseitigen.

Auch viele Jahre nach dem Urteilsspruch suchte die Familie weiter nach Martas Leiche. Die Polizei setzte zudem neueste Technologie ein, um Carcaños Telefon zu orten. Die Ortung zeigte, dass er sich in der Tatnacht an mindestens sechs Orten aufgehalten hatte, darunter auch auf dem Friedhof von San Fernando. Dennoch war es unmöglich zu sagen, ob Marta bei ihm war, zu welchem Zeitpunkt sie noch lebte und wo die Leiche schließlich entsorgt wurde.

Miguel Carcaño verbüßt unterdessen die letzten Jahre seiner Strafe und Martas Familie kämpft weiter unermüdlich für die vollständige Aufklärung des Verbrechens.

Im November 2022 schloss die spanische Justiz den Fall offiziell ab. Die Suche umfasste über 70 Orte im ganzen Land. Die Ermittlungen folgten jedem Hinweis, der durch Zeugenaussagen, forensische Beweise und die Informationen auf der SIM-Karte von Carcaños Handy aufgedeckt wurde.

In einem Interview sagte Martas Mutter, sie werde die Worte des Mörders ihrer Tochter nie vergessen. Vor Gericht sagte Miguel auf die Frage nach seinem Motiv:

„Ich habe sie getötet, weil ich es wollte und ich werde euch niemals sagen, wo ich ihre Leiche entsorgt habe. Sie wird nicht zurückkommen - und ihr würdet sie sowieso nicht wiedererkennen.“

ENDE

Danke, dass Sie mich auf dieser Reise durch die 2000er begleitet haben.

Ich hoffe, dass Ihnen dieses Buch mit 13 schockierenden Fällen aus diesem Jahrzehnt gefallen hat und würde mich sehr über eine Rezension freuen. Sie hilft anderen Lesern und True Crime-Fans, dieses Buch zu entdecken.

Bitte **hinterlassen Sie eine Rezension** in dem Shop, in dem Sie dieses Buch gekauft haben.

Vielen Dank!
Alexander Dragone

ISBN 978-3-8190-2705-5
9 783819 027055
www.epubli.com